走进大学
DISCOVER UNIVERSITY

什么是经济与贸易？

WHAT IS ECONOMY AND TRADE?

黄卫平　主审
黄　剑　著

大连理工大学出版社
Dalian University of Technology Press

图书在版编目(CIP)数据

什么是经济与贸易？/ 黄剑著. -- 大连：大连理工大学出版社，2023.8
 ISBN 978-7-5685-4340-8

Ⅰ.①什… Ⅱ.①黄… Ⅲ.①国际经济－研究②国际贸易－研究 Ⅳ.①F74②F11

中国国家版本馆 CIP 数据核字(2023)第 068816 号

什么是经济与贸易？
SHENME SHI JINGJI YU MAOYI？

策划编辑：苏克治
责任编辑：于　泓
责任校对：李舒宁
封面设计：奇景创意

出版发行：大连理工大学出版社
　　　　　（地址：大连市软件园路 80 号，邮编：116023）
电　　话：0411-84708842（发行）
　　　　　0411-84708943（邮购）　0411-84701466（传真）
邮　　箱：dutp@dutp.cn
网　　址：https://www.dutp.cn

印　　刷：辽宁新华印务有限公司
幅面尺寸：139mm×210mm
印　　张：5.125
字　　数：87 千字
版　　次：2023 年 8 月第 1 版
印　　次：2023 年 8 月第 1 次印刷
书　　号：ISBN 978-7-5685-4340-8
定　　价：39.80 元

本书如有印装质量问题，请与我社发行部联系更换。

出版者序

高考,一年一季,如期而至,举国关注,牵动万家! 这里面有莘莘学子的努力拼搏,万千父母的望子成龙,授业恩师的佳音静候。怎么报考,如何选择大学和专业,是非常重要的事。如愿,学爱结合;或者,带着疑惑,步入大学继续寻找答案。

大学由不同的学科聚合组成,并根据各个学科研究方向的差异,汇聚不同专业的学界英才,具有教书育人、科学研究、服务社会、文化传承等职能。当然,这项探索科学、挑战未知、启迪智慧的事业也期盼无数青年人的加入,吸引着社会各界的关注。

在我国,高中毕业生大都通过高考、双向选择,进入大学的不同专业学习,在校园里开阔眼界,增长知识,提升能力,升华境界。而如何更好地了解大学,认识专业,明晰人生选择,是一个很现实的问题。

为此,我们在社会各界的大力支持下,延请一批由院士领衔、在知名大学工作多年的老师,与我们共同策划、组织编写了"走进大学"丛书。这些老师以科学的角度、专业的眼光、深入浅出的语言,系统化、全景式地阐释和解读了不同学科的学术内涵、专业特点,以及将来的发展方向和社会需求。希望能够以此帮助准备进入大学的同学,让他们满怀信心地再次起航,踏上新的、更高一级的求学之路。同时也为一向关心大学学科建设、关心高教事业发展的读者朋友搭建一个全面涉猎、深入了解的平台。

我们把"走进大学"丛书推荐给大家。

一是即将走进大学,但在专业选择上尚存困惑的高中生朋友。如何选择大学和专业从来都是热门话题,市场上、网络上的各种论述和信息,有些碎片化,有些鸡汤式,难免流于片面,甚至带有功利色彩,真正专业的介绍尚不多见。本丛书的作者来自高校一线，他们给出的专业画像具有权威性，可以更好地为大家服务。

二是已经进入大学学习，但对专业尚未形成系统认知的同学。大学的学习是从基础课开始，逐步转入专业基础课和专业课的。在此过程中，同学对所学专业将逐步加深认识，也可能会伴有一些疑惑甚至苦恼。目前很多大学开设了相关专业的导论课，一般需要一个学期完成，再加上面临的学业规划，例如考研、转专业、辅修某个专业等，都需要对相关专业既有宏观了解又有微观检视。本丛书便于系统地识读专业，有助于针对性更强地规划学习目标。

三是关心大学学科建设、专业发展的读者。他们也许是大学生朋友的亲朋好友，也许是由于某种原因错过心仪大学或者喜爱专业的中老年人。本丛书文风简朴，语言通俗，必将是大家系统了解大学各专业的一个好的选择。

坚持正确的出版导向，多出好的作品，尊重、引导和帮助读者是出版者义不容辞的责任。大连理工大学出版社在做好相关出版服务的基础上，努力拉近高校学者与

读者间的距离,尤其在服务一流大学建设的征程中,我们深刻地认识到,大学出版社一定要组织优秀的作者队伍,用心打造培根铸魂、启智增慧的精品出版物,倾尽心力,服务青年学子,服务社会。

"走进大学"丛书是一次大胆的尝试,也是一个有意义的起点。我们将不断努力,砥砺前行,为美好的明天真挚地付出。希望得到读者朋友的理解和支持。

谢谢大家!

苏克治
2021 年春于大连

前　言

在中国的学科分类中,经济与贸易是经济学一级学科下的重要分支。经济贸易课程在20世纪80年代就在中国部分高校中的经济学、国际经济贸易、财政金融、国际金融等专业开设,并作为经济学的重要基础讲授。各个高校陆续出版相关教材,并引进、翻译了原版国外教材,这些教材对经济与贸易的产生与发展、研究对象与研究方法、基本理论、政策含义、运行规则等均有阐述。

中国人民大学世界经济研究中心应大连理工大学出版社之邀,精心编撰了本部《什么是经济与贸易?》,旨在向青年学生及大众读者介绍经济与贸易的起源、经济与贸易的本质、经济与贸易的理论、经济与贸易人才的职业发展,以及经济与贸易的未来发展趋势。本书篇幅不长,

目的是导航,从全貌把握该学科的山川大地,因此本书并不全力追逐时下国内外最新研究的方向和内容,而是重在梳理本学科已有的发展脉络与学科体系,以便为感兴趣的读者提供一本较为详实、务实的学科普及和学习参考读物。

经济与贸易学科的学习,理论结合实际是极为重要的。经济与贸易研究的并非都是枯燥的数字与模型,生活消费、历史脉络均可从不同侧面展示经济与贸易的精彩。随着互联网、大数据、人工智能等数字技术的广泛使用,经济与贸易领域的数字化转型迅速而彻底,数字模式运营打破了时间和空间限制,改变了经济与贸易的运行场景。人工智能、大数据、云计算、区块链等新兴技术,在经济数据收集、数据分析、政策形成、技术产品交易、各类风险管理等诸多业务流程的普及应用,有助于提升经济与贸易运行与服务的质效,解决了经济政策制定与调整、贸易活动到位"最后一公里"等诸多问题,一众经济主体因此也受益或受到冲击。

经济全球化的实质是物流、资金流、信息流和技术流在全球范围内流动,从而使得资源配置跨越国界进行优化。生产要素在不同国家之间进行流转,产出也同样在全球范围流动,它必然会对世界的经济增量、贸易格局产生巨大作用，从而对经济收益在全球或一国之内的分配产生重大影响，催生着各种矛盾，也遭遇到逆全球化的新挑战。在数字经济的长足发展与经济全球化的变局下，人们进入"新常态"的时代，只有在新材料、新技术、新产品、新业态、新商业模式等方面跟上时代步伐的企业，才能看清未来，在充满激烈竞争的环境中，实现资源既定条件下利润最大化的经营目标，获得健康发展。

这是一个最好的时代，也是一个最坏的时代；是光明的季节，也是黑暗的季节；是希望的春天，也是失望的冬日。品味着狄更斯的名言，读者仍然会惊讶地发现，即便近200年过去了，当今的世界依然站在狄更斯式充满矛盾的十字路口，世界经济与贸易的未来发展高度依赖于我们今天的选择。

本书的编写在于使青年学生、对经济与贸易感兴趣的读者，对于该学科产生一个全局性的入门了解。我们在编写中还尝试着把问题的表述与读者正在或未来从事的工作联系起来，为那些尚在规划自身发展的年轻人，提供一些接地气的建议。在行文上，本书考虑到读者的实际情况，并没有使用常令人感到头疼的公式以及模型的推导，而是采用通俗易懂的语言来表述最基本的历史、事实、理论及政策。总之，编者希望把本书写成描述具有

"上下五千年,纵横八万里"跨越人类经济贸易发展历程的书,以例、以史、以论、以理贯穿始终,但又是写给大众的深入浅出、具有可读性的著述。希望本书能够对想在经济与贸易方向从事学习、探讨的青年读者,以及在工作实际中有了解经济与贸易领域需求的读者予以帮助。同时也希望读者能够对本书的内容、结构、行文提出意见和建议,使其在未来更加完善。

目 录

经济贸易宝藏溯源 / 1
 经济贸易鼻祖:殷商遗民时代烙印 / 2
 语录著书:古希腊经济对话 / 6
 重商主义:人类地理大发现 / 12
 利益博弈:全球价值链竞争 / 18

经济财富循环密码 / 23
 价值创造:生产领域产品源头 / 23
 价值流通:商业领域贸易传送 / 28
 价值分配:经济主体利益分享 / 35
 价值消费:劳动成果满足欲望 / 39

贸易竞争利益博弈 / 45

贸易产生：分工奠定基础 / 45

贸易初探：交换点燃火花 / 51

贸易拓展：市场版图延伸 / 59

商业逐利：八方各显神通 / 61

经贸理论实践变迁 / 68

从个体到整体：微观与宏观透视 / 68

  微观经济学 / 69

  宏观经济学 / 72

从量变到质变：增长与发展蝶变 / 75

从萌芽到成熟：自由与保护交织 / 82

  绝对优势论 / 84

  比较优势论 / 87

从家门到远方：国内与国际拓展 / 93

经贸人才实战舞台 / 100

经贸管理与宏观调控：看得见的手 / 100

坚守企业管理：勤劳的双手 / 104

勇于商场逐鹿：看不见的手 / 109

置身服务协调：运转润滑剂 / 114

潜心教育研究：传承与探索 / 118

经济贸易走向何方 / 121
  工业 4.0 革命:数字经济引领未来 / 121
  贸易规则重塑:世界经济出现多极主体 / 127
  百年未有之大变局:国际竞合风云诡谲 / 133
  微笑曲线演变:谁能占据利益制高点 / 135

参考文献 / 140

后　记 / 142

"走进大学"丛书书目 / 144

经济贸易宝藏溯源

历史是最好的教科书,也是最好的清醒剂。

——习近平

自人类社会形成以来,随着生产力的发展,生产关系不断演变,物质财富不断增长,满足了人类基本的生存需求。人口不断增加,人类制造产品的技术不断飞跃,极大地丰富了产品生产内容。人类原始社会末期出现了剩余产品,使得偶然的物物交换成为可能,逐渐演变成为日常的贸易活动。人类不断创造物质财富并进行贸易活动,满足彼此的需求,形成了整体经济。经济和贸易蕴含了巨大的财富宝藏,让我们一起探索古代中国、古代西方悠久的经贸历史。

▶▶ 经济贸易鼻祖：殷商遗民时代烙印

中国具有灿烂的华夏五千年文明，与古巴比伦、古埃及、古印度并称为世界四大文明古国。中国古代史始于大约170万年前的元谋人时期，约公元前2070年进入奴隶社会阶段，夏朝是具有明确记载的中国古代第一个王朝。

夏朝（约前2070—前1600）是中国史书中记载的第一个世袭制朝代。原始部落时期，黄河泛滥，尧帝派遣鲧治水九年无果，其子大禹继承父志，治水"居外十三年，过家门不敢入"，改堵为疏，终于完成其父鲧未能完成的壮业，取得了与上古时期洪水斗争的胜利，百姓得以安居乐业。大禹治水有功，从而继承舜帝禅让的部落首领之位。禹依照部落禅让制度传位于益，但益却让位于禹之子启，从而开启了中国古代王朝"家天下"世袭制的先河。

以涂山之会为建立标志的夏朝已经进入新石器时代后期，其行政区域世传为冀州、兖州、青州、徐州、扬州、荆州、豫州、梁州、雍州九州，并以五服贡税（五服指当时根据与夏后氏都邑地理位置的远近划分的五个区域）作为王室的主要经济来源。夏朝平民缴纳土地贡税的标准为十分之一,即耕种五十亩土地,将其中五亩的收成缴纳给官府。这反映出夏朝仍处于生产力较为落后的阶段,王朝政权机构尚不完备,接近原始部落的经济秩序。夏朝农业文明有一定发展,有专门从事畜牧业的奴隶及氏族部落,水利技术逐渐发展,陶器烧制、石器制作、骨器制作、木器制作、青铜器冶炼等手工业开始出现并分工细化。

夏朝历经14代、17后(夏统治者在位称后),延续约471年,至最后一代夏桀残暴无德,统治衰落,经鸣条之战,为商汤所灭。

商朝(前1600—前1046)是中国古代历史上第二个王朝。商朝始祖契与禹同时代,因帮助禹治水有功,被封于商邑(今河南商丘)。商国频繁迁都,至后裔盘庚在殷建都稳定达200余年,故也称"殷商"。契的六世孙王亥驯服牛来耕地,发明牛车拉货,发展物物交换的商业贸易,国力日益强盛。至夏桀时期,商国君主商汤于鸣条之战灭夏,建立商朝。

商朝建立后吸取夏王朝覆灭的教训,广施仁政,凝聚民心,因此社会稳定,生产力发展迅速。商朝农业、手工业迅速发展,出现黍、稷、稻、麦等粮食作物,以及桑、麻、瓜、果等经济作物,经济水平大幅度提升,私有制进一步

完善，奴隶制成为当时的主要制度。

商朝前后相传 17 世 31 王，历经 500 余年，至商纣王时代，周武王发兵讨伐，经牧野一战，商王朝灭亡，周室兴起。

从古代中国的发展史可见，夏朝已经形成了经济的雏形。工业技术的发明和对农具的改进促进了原始的农业耕种较快发展，改变了人类在旧石器时代依靠狩猎采集维持生命、延续家族的基本手段，辅之以畜牧业，从而使得当时的古人类能够获得较为稳定的食物来源和生活环境。夏朝方国商国的第七任国君王亥，广为开展物物交换、易货贸易，可以被视为中国商业的鼻祖。在商朝被周朝推翻后，原来从事贸易活动的商人只能靠贩卖物品为生，社会地位较低，如韩非子在《五蠹》中将商人称为"五蠹"之一，反映了商人被压制的命运及春秋战国时期国家重农抑商的思想。经过溯源，今天我们称从事贸易活动的人群为"商人"，其由来与商朝遗民相关，包括开展贸易被称为经商也是该缘故，并衍生出商业、商品、商户等名称。

商人作为生产者与消费者的中介人，是一个为了卖而买的逐利阶层。① 尽管最初商人的地位不高,但是随着偶然的物物交换演变为大范围的部落交换,从最初的剩余产品交换满足彼此的生存需要扩大到以谋利、聚集财富为目的的专业化交换,商人逐渐成为一种职业和特殊的群体。历史上涌现出陶朱公、子贡、白圭、吕不韦、沈万三等古代著名巨贾。商人的出现成为国际贸易产生的重要条件之一。理论和实践均表明,商业流通是现代经济必不可少的因素,贸易已经成为日常现象。

中国在1978年的十一届三中全会上,确立了以经济建设为中心,对内改革、对外开放的政策;1997年东南亚金融危机承接世界制造业转移;2001年,我国加入世界贸易组织(WTO),快速融入经济全球化发展轨道,经济发展飞速;至2010年,我国成为世界第二大经济体。在百年未有之大变局的复杂国际形势下,我国2020年国内生产总值突破百万亿元人民币,2021年对外贸易额跨越5万亿美元、6万亿美元两个大台阶,工业门类齐全,经济水平稳居世界前列,对外贸易繁荣。这些都离不开我们的祖先自商朝开始,在人类发展历史长河中艰苦地探索和辛勤地开拓。中国以经济建设为中心的治国理念将长期

---

① 石雨祺.中国古代贸易[M].北京:中国商业出版社,2015.

发挥关键作用，商人地位也与远古不可同日而语，他们被称为企业家，被认为是先进的生产要素，在经济建设、社会建设、文化建设等多个领域受到高度肯定。

▶▶ 语录著书：古希腊经济对话

西方对经济的研究起源于古希腊思想家色诺芬在其著作《经济论》中提出"经济学"一词，其从"个人决策者"效率视角阐述私人和公共事务的组织和管理。色诺芬是古希腊著名思想家苏格拉底的学生，因最早提出"经济学"一词而被后人所铭记。色诺芬认为经济剩余是判断管理者能力的标准，家庭、城市、国家都应该通过分工增加效率，这和被誉为"现代经济学之父"的亚当·斯密在其1776年出版的《国民财富的性质和原因的研究》(简称《国富论》)中提出的分工思想如出一辙，是亚当·斯密分工提高效率思想的先驱。

在古希腊时代，一些先哲如苏格拉底、色诺芬、柏拉图、亚里士多德等因智力过人、勤于思考，能够关注到当时人类社会的普遍经济活动和经济现象，从而能够较为系统地思考这些日常经济活动、经济现象背后的原因，探索其中蕴含的经济规律。

实际上，人类最早的文明是美索不达米亚文明，起源于两河流域，由苏美尔、阿卡德、巴比伦、亚述等一系列文明组成，早于古希腊文明和华夏文明。公元前 3500 年左右，因幼发拉底河和底格里斯河形成的流域适合人类生存繁衍，苏美尔人在此建立起奴隶制城邦国，这里出现了世界上最早的学校和最早的文字，为后期其他文明的发展奠定了基础。

古希腊文明作为欧洲最早出现的文明，被视为西方文明的起源。古希腊位于欧洲东南部巴尔干半岛南端，境内多山多河流，缺少开阔平原地带，自然环境恶劣。然而古希腊人依靠卓越的智慧和坚忍的毅力，将荒山野岭改造成为适合人类居住的美丽家园，构成地中海世界的文化中心，形成了早期古代发达的外向型经济。古希腊半岛盛产葡萄、橄榄和无花果，古希腊人利用陶土制作上乘陶器，将石头制成优质建筑、雕塑材料，酿造葡萄酒，制作橄榄油，销往海外，当时的比雷埃夫斯港商业繁华，是地中海著名的国际商港。

经济贸易的繁荣催生了古希腊思想家对经济贸易原理和规律的思考，这也就不难理解为何"经济学"一词源于古希腊。苏格拉底和他的学生们，以及后辈学者开启了系统研究西方经济的漫漫旅程，掀开了经济学研究的

帷幕。

苏格拉底是古希腊著名的思想家,也是色诺芬和柏拉图的老师。色诺芬所著的《经济论》,是一部分为两部分的语录体著作。第一部分以苏格拉底的口吻阐述其对经济的认识,第二部分重点阐述妇女如何主持家务。

《经济论》也被称为《家政学》,其实质是探讨奴隶主如何管理奴隶以更好地从事生产,这表明人类最初的经济活动聚焦在家庭。原始社会生产力极其低下,人们为生存从事狩猎捕鱼等简单的经济活动,具有极大的不确定性,有可能捕获猎物,但更可能空手而归,此种情况下一个家庭并不能保证一定能够丰衣足食,因此只能以血缘为纽带维系人与人之间的关系,从而保证食物共享,实现家庭成员生命的延续。

《经济论》是一部被低估的著作,缘于人们对其的认识不够。尽管作者对两千多年前古希腊自然经济领域的历史认识有局限性,缺乏对市场关系的理解,但是这本著作所反映的朴素的经济思想有助于后人洞窥古希腊当时的经济风貌,并且启迪后人从多角度、多视野思考经济变化和其中的原理。

苏格拉底和他的学生柏拉图,以及柏拉图的学生亚里士多德,被后人尊称为"希腊三贤",由此可见他们的思想所产生的重要影响。柏拉图著有《理想国》,对雅典国家的经济结构进行了分析,认为人的活动是基本变量。但是不同于色诺芬重视个人作用,柏拉图从考察和提炼法律道德规则入手,提出理想国是最适宜的、稳定的和理想化的结构。柏拉图认为城市是一个相对较大的物品和劳务交换市场,专业化能够创造互利互惠,互惠源于相互交换,从中可见交换理论的萌芽思想和对经济分配性质的认识。[1]

柏拉图同样强调专业化分工能够提升效率和促进生产力发展,货币是物品和劳务的交换媒介,并通过市场加以分配。但是柏拉图认为市场不具有自我调节能力,需要政府加以管制。例如,政府需要管理货币以制止商人对利润的过度追逐和消除高利贷盘剥,制定公平分配规则。柏拉图认为国家治理的关键在于睿智的领导者,利息、利润的存在会对经济现状、社会现状造成威胁,因而领导者需要远离与利润相联系的腐败,以便公正无私地处理利润问题。他主张培养统治者精英团体,以便更好地管控经济。

---

[1] 杨玉生,杨戈.经济思想史[M].北京:中国人民大学出版社,2015.

从柏拉图的经济思想可见，他已经注意到国家管控在经济发展和利益分配中所发挥的作用。今天在现代化国家经济治理中，国家对于经济发展、财富分配的调控作用从两千多年前柏拉图的经济思想中仍可见一斑。

柏拉图的学生亚里士多德对经济的分析扩展到了更为广阔的领域，其经济思想主要集中于两本著作：《政治学》和《伦理学》。亚里士多德在交换、价值、货币、利息等问题上提出了很多具有创见性的、充满辩证法的经济思想，马克思尊称其为"古代黑格尔"。

亚里士多德对价值和双边交易进行了论证，以此确立雅典法律制度，建立公平的标准。他认为商品交换主要分为物物交换阶段、小商业阶段和大商业阶段。物物交换阶段各个家庭为了满足彼此的生活需要而进行交换。小商业阶段交换距离、范围均扩大，从而产生了货币作为交换媒介，此时商品交换以交换商品的使用价值为目的。大商业交换阶段的目的发生了改变，是获取货币以谋利。

亚里士多德分析了货币的产生及作用，认为货币是为了便于交换而产生的，从某种意义上可以说，他已经认识到了货币的价值尺度和流通手段职能。在《伦理学》

中，他谈到交换应按照公平和比例原则，不同商品在交换数量上须具有均等的比例，遵循一定的方法进行比较，从而体现出公平性。但是受所处时代的局限，他并未认识到交换的等同关系是建立在人类一般劳动的基础之上。

亚里士多德阐述了货币的起源及作用，对作为货币的黄金归纳了五种性质：持久性、可分性、便利性、一致性、内在价值。他否定借贷的作用，谴责利息的获取为非自然行为，未能认识到借款需要支付利息的原因。

总体而言，古希腊时代经济、贸易的蓬勃发展引发了先贤们对经济活动、贸易交换进行认真的思索，对与经济贸易密切相关的交换、价值、分配、国家作用形成了最初的朴素的思想，为经济学研究的萌芽、发展开了先河。其后，随着时代更迭、人类地理大发现、工业革命和科技进步，古罗马学者、中世纪欧洲经院派、重商主义学派、古典经济学派、新古典经济学派、边际革命、制度学派、凯恩斯主义、现代经济学等一系列经济学思潮和经济理论与时俱进，不断呈现在我们面前，激励人们回顾历史、正视现在、展望未来。

▶▶ 重商主义：人类地理大发现

人类社会在从原始社会、奴隶社会、封建社会到资本主义社会的演变过程中，财富的形式不断变化，从生活必需品、便利品到生产资料和生产工具，再到土地、货币、金融衍生品，虽然财富形式多样，但其本质并未发生改变。财富产生于生产领域而实现于流通领域，重商主义之所以一度盛行，正是因为重商主义者过于强调财富的实现渠道而无法洞察财富的生产来源。无论是重商主义早期的货币差额论还是晚期的贸易差额论，尽管其对财富的本质和财富的源泉存在认识的误区，但其对商业贸易的重视对于当今的经济活动仍然具有很大的参考价值，即商业渠道对于一国产业发展和经济增长是不可或缺的。沃尔玛公司长期占据世界五百强首位或跻身前列，其核心竞争优势便在于通过全球采购和资源配置中心的设立，控制销售渠道实现附加值的提升。

重商主义是15世纪至17世纪中叶产生并流行于西欧的一种重要思潮，是国际经济学系列理论的萌芽，奠定了保护贸易的理论基础，对自由贸易理论产生了重要启示，也称"商业本位"，最早见于亚当·斯密的《国富论》。该思潮分为早期的货币差额论及晚期的贸易差额论两个阶段。

早期重商主义经济思想注重商业,即流通领域的重要性,认为财富产生于流通领域,因而贵金属金银,包括货币是财富的唯一表现形式。国内贸易是零和博弈,是财富在国内的分配形式,只有国际贸易才能获取金银,转移他国财富。一国除开采本国矿藏之外,只能通过对外贸易积累财富。在这种思想支配下,国家需要"贱买贵卖",通过商品差价获取利润积累财富,实现国家的强盛。[①]

有鉴于此,国家需要在对外贸易中坚持出口、限制进口,严格控制外国工业品和奢侈品流入本国,外国商人出售货物后必须购买本国商品,本国商人在国外出售商品后必须直接换取金银货币,包括当时的英国、西班牙、葡萄牙等国家均制定了这些严格的规定以防金银和货币外流。各国通过扩大出口吸引贵金属或货币流入国内,增加国家财富,对外交易必须保持顺差,因而早期重商主义者的这种观点被称为货币差额论,也称重金主义。

16世纪的西欧处于封建社会晚期,封建自然经济趋

[①] 黄卫平,彭刚.国际经济学简明教程[M].北京:中国人民大学出版社,2010.

于瓦解,资本主义工场手工业、雇佣劳动关系普遍出现,生产力得到提高,人的思想得到更大程度的解放。商品供给的扩大使其需要获得更加广阔的市场,商品资本需要跨国进行更大范围的扩张,以缓解商品过剩矛盾。在商业实践中,一些商人、律师、政府官员提出了晚期重商主义的贸易差额论观点,并由一些晚期重商主义的代表人物,如英国的托马斯·曼、法国的让-巴普蒂斯特·柯尔培尔著书立说,对此进行了深入阐述。

与早期重商主义观点类似,晚期重商主义观点同样认为国家需要通过外贸顺差防止货币外流以获取财富。但是他们不提倡禁止金银货币输出国外,认为只要出口大于进口,保持贸易顺差,即可以促使金银货币以外贸顺差形式流入国内,这种观点显然对自由贸易、出口导向这种后期贸易理论产生了启示作用。在贸易差额论思想支配下,国家消除了早期每笔贸易都力求顺差的不利限制,允许货币输出国外,允许购买国外商品,只要整体保持顺差,从整体角度看待商业利润,考察国家的整体国际收支状况,为本国及外国扩大出口创造了市场竞争环境和条件。

西欧盛行重商主义的时代,葡萄牙、西班牙、荷兰、英格兰先后成为海洋霸主,争夺国际贸易的主导权。葡萄牙人在重商主义"海洋争霸"时代最先崭露头角,凭借国家力量改良航海技术,最先控制了海洋,从而通过贸易攫取财富。15世纪初,葡萄牙恩里克王子在本国最南端的小渔村萨格里什建立了世界上第一所国立航海学校。他沿非洲海岸向南,建立了从大西洋到印度洋的50多个海岸战略支点,控制了东方的香料贸易。在16世纪初的前5年中,葡萄牙通过半个地球的海权垄断,香料贸易交易额从22万英镑上升到230万英镑,成为海上贸易第一强国。

葡萄牙人海洋贸易的巨大成功引起了西班牙人的妒羡,斐迪南二世以丰厚的条件——发现地财富和商品的十分之一(免税)、驶往属地船只利润的八分之一,激励并资助意大利人哥伦布向西航行进行远洋探险。哥伦布成功到达北美巴哈马群岛,全球贸易的版图变得清晰起来。哥伦布于1492年发现新大陆,开启了人类大航海时代,人们认识到世界并非天圆地方,欧亚非各板块之间可以通过新航线连为一体。西方世界走出了中世纪的黑暗,东西方文化开始交融。更为重要的是,国际贸易借助海洋通道迎来了史上前所未有的大发展。地理大发现开启了重商主义时代欧洲列强"海洋争霸"的序幕,也使得彼时的欧洲成为世界经济的中心。西班牙人在北美大陆攫

取了大量的黄金白银,仅 1502 年到 1660 年,西班牙就依靠武力掠夺了美洲 18 600 吨白银和 200 吨黄金,西班牙"无敌舰队"成为另一海上霸主,同葡萄牙人一起依靠冒险精神成为国际贸易的主宰。

然而,仅靠武力和冒险并无法将黄金白银转化为支撑国家不断发展的产业。最初的国际贸易规则是建立在武力征服基础之上的,冒险精神领航了初期国际贸易的发展。全球贸易的扩张需要新的商业模式,才能到达更为广阔的贸易世界。此时,富有创新精神的荷兰人成为现代商品经济制度的鼻祖,建立了将银行、证券交易所、信用、有限责任公司等融为一体的商业和金融体系。荷兰赢得了 17 世纪中叶的"海上马车夫"美誉,每年 16 000 多艘悬挂荷兰三色旗的航船游弋在五大洋海面,控制了一半的全球贸易。荷兰占据了中国台湾,垄断了日本的对外贸易,建立了殖民据点巴达维亚城(今雅加达),从葡萄牙手中夺取了新航线的要塞好望角,命名了大洋洲的新西兰,建造了哈德逊河口的新阿姆斯特丹(今纽约)。资本的大量涌入催生了荷兰的繁荣,阿姆斯特丹成为 17 世纪世界贸易的中心,油画《阿姆斯特丹女神像》中的女神手抚地球,昭示了世界尽在荷兰人掌握之中。

葡萄牙和西班牙的海洋贸易成功刺激了大西洋的另

一个岛国——英国,英国女王伊丽莎白一世认识到本国任何一处距海洋都不超过 120 千米,完全可以利用这一地理优势向西班牙发起冲击。处于劣势的英国无法与强大的西班牙进行正面对抗,因此采取海盗形式袭击了西班牙在南美洲的殖民地以及在欧洲的港口。两国之间不断的冲突导致西班牙与英国在 1588 年爆发了英西大海战,争夺海上霸权。舰体庞大、运转不灵的西班牙"无敌舰队"不敌英国轻快战舰的攻击,在遭遇海洋大风暴之后几乎全军覆没,海洋霸权开始向英国转移。

1651 年,英国开始向控制海洋贸易的荷兰发起挑战,颁布了《航海条例》,赋予英国船只运输特权,并通过数次英荷战争获得了最后的胜利,沉重打击了荷兰的海洋贸易,迫使荷兰退出了海上争霸行列。然而依靠武力控制海洋贸易只会获取阶段性的海洋霸权,必然会被其他国家取代。

15—17 世纪,人类地理大发现开启了贸易新航路,欧洲各国在重商主义思潮主导下进行了无休止的海洋争霸,葡萄牙、西班牙、荷兰、英国等欧洲列强依靠海上武力争夺远洋贸易控制权,成为人类贸易史上无法抹去的重要一页,也书写了非洲、拉丁美洲等地区悲惨的"三角贸易"殖民地历史。

1688年，英国爆发了"光荣革命"，出现了世界上第一个资产阶级政权，议会和政府取得了国家治理权，对统治欧洲300多年的重商主义进行了反思。英国不再依靠武力获取海洋霸权从而垄断国际贸易，转而通过提升生产力来获取贸易优势。由此，重商主义时代欧洲列强的海洋争霸开始转入新的贸易竞争时代，具备产品绝对优势和比较优势的国家将会在国际贸易中成为主角，国际贸易竞争由武力控制转向产品竞争、技术竞争、市场竞争。

▶▶ 利益博弈：全球价值链竞争

企业是国家财富产生的基本单元，价值链是企业为了实现其经营目标，在生产过程中各个阶段所实施的一系列的增值活动，揭示了财富源于生产领域的本质，也是劳动价值论的体现。在经济全球化时代，企业的增值活动必然需要置于全球环境之下。经济增长意味着财富的不断增加，然而资源限制、环境约束及技术瓶颈决定了一个经济体在可持续发展中必然面临如何处理效率与公平，经济增长与环境保护、资源节约的矛盾。随着国际分工的深化、国际市场的扩大化，跨国公司开始在全球范围内进行生产活动的资源配置、流通领域的网络构建、服务环节的整体构建，因而一国的产业在全球价值链条上所处的位置不仅决定了该国产业、产品的竞争力,而且同时决定了该国在利益分配上的贸易所得。

一国提高福利水平的基础是财富的不断扩大,而财富生产和提供的主体只能是企业。企业的经营目标是以最小的投入获得最大的产出,即利润最大化,从而在市场竞争中谋求一席之地。因此,企业需要在全球价值链的动态变化中确立自身的位置,根据企业内部要素条件以及所处外部环境决定经营战略及决策。全球化背景下,国与国之间经济依赖、相互影响日益加深,企业只有依据比较优势参与全球分工,才能更好地适应经济发展及市场需求变化。

规模经济、低成本扩张可以成为企业乃至行业的比较优势,但在市场保护、资源限制以及用工成本上升的情况下,此种经济增长模式就难以持续。因此,从微观企业层面而言,企业就必须重新确立比较优势,以注重质量、提升效益作为新的竞争手段,实现从数量型竞争到质量型竞争的转变;从中观产业层面而言,面对市场需求变化,需要协调三次产业的发展比例,同时提高产业素质以达到供需平衡,实现从粗放式发展到集约式发展的转变;从宏观经济调控层面而言,一国经济需要优化经济增长方式,实现要素投入驱动向创新驱动的转变,从而为经济

增长不断注入动力。

现代经济学之父亚当·斯密提出绝对优势论,建立古典经济学的理论基础框架,比较优势论及要素禀赋论进一步明确了一国应如何根据自身资源及要素条件参与国际分工及贸易,其后产品生命周期理论则动态地分析了国际范围内的产业转移。现代国际贸易理论中,产业内贸易理论则突破了原有的完全竞争市场假设,更加集中于在贴近现实市场基础上分析规模经济效应及产业分工。宏观经济的首要目标是经济增长,这意味着社会需要不断创造新增财富。早在16—18世纪,重商主义认为财富源于流通领域,其后古典经济学从分工的角度指出财富源于生产而实现于流通。马克思政治经济学更是明确了劳动价值论,现今的宏观经济学各流派所取得的共识之一是一国经济水平取决于生产商品和劳务的能力。由此可见,一国产业承载着创造财富的使命,决定着国家的强盛程度以及社会总体福利水平。

价值链的概念最早由哈佛大学迈克尔·波特教授于1985年提出,其认为每一个企业都是在设计、生产、销售、发送和辅助其产品的过程中进行种种活动的集合体。所有这些活动可以用一个价值链来表明。企业的经营活动包括基本活动和支持性活动,组成了产品的价值创造过程。

价值链理论揭示了企业的竞争贯穿整个价值链环节，并决定了企业的综合竞争力。企业价值链模型如图1所示。

图1　企业价值链模型

　　随着经济全球化的深入发展，价值链定义开始扩大到全球价值链范畴。联合国工业发展组织（UNIDO）在《通过创新和学习来参与竞争》报告中定义了全球价值链的概念：全球价值链是在全球范围内为实现商品或服务价值而连接生产、销售、回收、处理等过程的全球性跨企业网络组织，涉及从原材料采集和运输、半成品和成品的生产和分销直至最终消费和回收的处理过程。

　　财富产生于生产领域而实现于流通领域，随着国际

分工的不断深入及国际市场的不断扩大,一国经济不仅在本国各个部门之间充斥竞争,更面临国际化的激烈竞争,因而本国产业结构的形成及变化不可避免地受到国际经济发展变化及趋势的影响。

全球价值链的核心在于附加值创造与分配,各国通过国际分工与国际贸易实现附加值创造与分配,但是各国资源禀赋、科技水平、经济治理、发展阶段不尽相同,因而在全球价值链中的分工地位、贸易利得也不尽相同。尤其是20世纪80年代以来经济全球化的快速发展,对各国参与全球价值链,以及国际贸易格局分布产生了重要影响。

基于中国的国情、历史文化、内在条件,中国的经济增长与发展既要借鉴发达国家的市场经验,又要立足于本国的实际情况,形成具有中国特色的社会主义经济建设与发展路径。

经济财富循环密码

> 哪里有巨大的财富,哪里就有巨大的不平等。
>
> ——亚当·斯密《国富论》

经济是价值创造、流通、分配、消费的一系列过程,这种价值的孕育和实现伴随人类社会的不断演进,周而复始、循环不断。人类历史长河辉煌璀璨,大量的物质财富、精神财富不断被创造、被发掘,我们在惊叹之余,不禁掩卷沉思:经济财富究竟隐藏着什么样的循环密码?

▶▶ 价值创造:生产领域产品源头

原始社会人类茹毛饮血,依靠大自然的天赐与恶劣的自然环境进行斗争,艰难生存并繁衍。我们的祖先从

对天然火的恐惧到发现天然火烤熟的动物更加有利于食用，进而在距今约300万年前发明打制石器进入旧石器时代，利用石器进行钻木取火，不断在实践中总结提高，逐步掌握了打击、磨、钻等取火办法，从而可以通过摩擦生火第一次使人支配一种自然力，最终把人同动物区分开。火带给远古人类光明和温暖，照亮黑夜、驱赶野兽、烤熟食物，大大改善了人类的生存环境，保障了人类的生命安全。烤熟的食物更利于消化吸收，不仅可以延长寿命，更刺激了远古人类大脑的发育和进化，从能人到直立人、智人不断演变，直至发展成为今日主宰世界、充满智慧的现代人。

新石器时代工具进一步高级化，从用途简单的打制切割工具演变到制作工艺复杂、使用范围不断扩大的新种类石器，标志着人类在漫漫历史长河中征服自然、改造自然能力的提升。距今约5 000年前的新石器时代晚期的古人类已经创造并进入了文明时期，生产工具的不断改良提高了生产力，从依赖狩猎采集进化到器具制造、农业生产、家禽家畜饲养、食物储存，物质的丰裕奠定了文明社会的基础。

两河流域诞生了人类最早的美索不达米亚文明（约前3500年），彼时的人们在幼发拉底河和底格里斯河中下游的美索不达米亚定居,发展了灌溉农业、宇宙学、时间测量学,当地出现了城市、艺术、文字等,成为人类文明的摇篮。农业的发展能够比较稳定地为人们提供食物,时至今日,作为第一产业的农业仍然是一国的根本,包括中国、美国、法国、日本、以色列、瑞士等国家均对农业发展高度重视,我国长期重视"三农"问题,正所谓"手中有粮,心中不慌",中国人的饭碗一定要牢牢端在自己手里,农业供给侧水平决定了中国社会稳定的基本保证力度。美国、日本、法国发达的农庄经济,瑞士、以色列发达的现代农业技术水平,正是现代社会农业供给侧保证人们生存安全的体现。

随着人类社会由农业社会向工业社会演进,工业技术的发明创造大大改变了世界原有的社会秩序和生活风貌。人类在地球上生存繁衍,欲望成为发展之源。正如马斯洛需求层次理论所揭示,当人们最低层次的生理需求和安全需求被满足之后,更高层次的社交需求、尊重需求、自我实现需求就会被激发出来,而满足更高层次的需求则有赖于更多的物质财富和精神财富。三次工业革命恰恰是为了满足人类更多、更高层次的需求而不断进行的创造,从而由第一产业农业逐步过渡到与第二产业工业、第三产业服务业并存的现代社会,产业结构的完整

性、高级性成为现代化国家的根本标志,产品源头的生产领域成为一国财富的发动机。

新西兰经济学家费希尔1935年在其著作《安全与进步的冲突》中首次将人类经济活动分为农业和畜牧业初级阶段、工业革命阶段、非物质生产活动阶段,并据此划分为第一、第二及第三产业。英国经济学家克拉克在此基础上进行了实证研究,总结出三次产业结构的基本变化及演变规律,即随着社会进步及经济发展,劳动力会逐步由传统农业部门向工业部门及非物质生产部门转移,三次产业的结构比例会发生变化。

人类最初从事经济活动时,最原始的生产单位是家庭。及至生产力不断提高,尤其工业革命使得经济活动规模不断扩大、经济活动复杂性不断增加,人与人之间的经济关系、社会关系必然突破血缘的界限。生产单位的扩大迫使人们需要以法律契约为准绳从而约束彼此的行为和思想,因而以法律为纽带形成的组织即**企业**就成为经济活动的主体,并发展形成制度日趋完善、联系日益紧密的现代企业组织。

企业的经济活动主要围绕"生产什么、如何生产、为谁生产"展开,主要目标是在资源既定情况下,实现利润最大化，即以最小的投入获得最大的产出。市场经济条件下，企业生产什么取决于消费者以货币为选票、以脚投票的理性选择。企业只有提供被消费者所接受的适销对路的产品和服务，才能够获得维持企业正常运转及进一步发展的各项资金，从而不断壮大自身实力，获得市场中的一席之地。企业如何生产取决于竞争，正是由于市场经济竞争性的存在，企业才形成不断发展的动力。依靠工程学意义上的技术竞争和社会学意义上的制度竞争，企业不断提高效率，提升效益。企业为谁生产取决于谁具有对产品的购买欲望及购买力，并付诸行动，这决定了企业需要对客户进行甄别从而制定经营决策。封闭经济体中，企业面临的是国内市场同行业的竞争；开放经济下，企业面临的是国际市场同行业的竞争，故而更需要考虑如何嵌入全球价值链当中，以保持企业竞争力及实现企业经营目标。

企业作为微观单元市场主体，成为财富生产的源头。相同属性的企业集合构成产业，成为一国经济命脉，决定一国的供给能力。在宏观经济学的共识当中，经济学家普遍认可一国的福利水平取决于该国的供给能力。衡量一国供给能力的基本数据是国内生产总值（GDP），其指的是一个国家或地区在一定时间（通常是一年）内所能提

供的产品和劳务的总和。目前，世界主要国家对 GDP 的统计按照国民账户体系（The system of national accounts，SNA）进行核算，美国和中国是仅有的两个"10万亿美元俱乐部"国家，是规模最大的两个经济体，意味着产业体系能够提供更高水平的产品和服务，以满足本国居民的消费需求。同时，中国还是最大规模的货物贸易出口国，向他国源源不断地提供消费品，而美国凭借高科技及金融创新成为最大的服务贸易出口国。日本、德国、英国、印度、法国、意大利等则成为经济规模较大的国家，拥有较高的 GDP，具备较强的提供产品和服务的能力，为本国居民福利水平的提升奠定物质基础。从世界范围看，当前全球主要的三个生产体系和制造中心分别为以美国为中心的北美生产体系、以中日韩为中心的东亚生产体系以及以德国为中心的西欧生产体系，代表着全球先进的生产力。这种提供产品和服务的生产领域正是价值创造的源头，是人类数百万年进化的智慧结晶，并且仍然在向未知的领域迈进，创造更大的价值。

▶▶ 价值流通：商业领域贸易传送

人类狩猎采集是基于满足自身及家庭成员生存需要的自发经济活动，及至石器工具的发明和改良，农业畜牧业、手工业的出现,开始有了剩余产品并且逐渐剩余丰富。不同种类的剩余产品开始出现了偶然的物物交换,我们的祖先突然发现,这种剩余产品的偶然物物交换能够满足多样化需要。进而开始出现一般等价物,即大家公认的某种物品(例如一头羊)可以交换多种其他产品(例如黄豆、花生、谷物、布匹)等,随即具有稀缺性的贝壳、铜铁、金银等开始充作交换媒介,最终过渡到纸质货币乃至今天的数字货币、虚拟货币。货币的出现使得交换更加便捷,原始部落内部的交换扩展到不同国家之间,从而出现了国际贸易。航海技术的进步催生人类地理大发现,洲际贸易的拓展标志着人类的商业版图清晰起来,商业流通成为世界的日常现象。

生产领域制造产品、提供服务,是财富的源头。如果这种产品和服务只是满足生产者自身的需要,那么其价值是有限的。随着人类社会不断发展,人的需求也逐渐多样化。任何人都无法独立制造自身所需要的一切产品,但是如果专注于生产某一类或几种产品,将剩余产品进行交换,那么彼此之间就形成了拾遗补阙、守望互助的社会关系。这种交换成为价值流通领域存在的基础,从而与生产领域结合起来,形成了价值循环。价值一旦在生产领域创造,在流通领域实现,财富将源源不断而

来，生生不息，形成了今天人类生存、繁衍、发展的物质基础。

早在战国时期，著名的改革家商鞅所著《商君书·开塞》提出"二者名贸实易,不可不察"。上溯更早期的春秋时期，《论语·先进》中孔子也提到"赐不受命，而货殖焉，亿则屡中"。由此可见，在中国古代封建王朝，重农抑商是社会的主流思想，主张重视农业，以农为本，限制私营工商业的发展。[1] 即使两千多年以后，法国重农学派仍然保持了对商业轻视的经济思想，认为"土地生产物是各国收入及财富的唯一来源或主要来源"。重农抑商源于当时的生产力尚处于不发达水平，农业是生存的根本，因而人们认为农业生产出来的是实打实的、能够果腹维持人生命的物质，商业不过是投机取巧而已。1867年，马克思出版划时代的巨著《资本论》，对商业资本做了精准阐释，即商业资本参与产业资本剩余价值的分配，从本质上揭示了商业的运行规律。

事实上，随着人类财富的扩大，交换成为必然。特别是跨越国家的国际交换更离不开商人的出现，否则商业繁荣将成为空谈。贸易的重要性随着产品剩余和交换的

---

[1] 蒋晓薇.汉字与贸易[M].广州：暨南大学出版社,2015.

扩大,开始变得愈加重要。于是15世纪一种统治性的贸易思想开始在西欧国家流行,直至今天,这种重商主义的朴素思想仍然具有一定的合理性。贸易顺差能够增加一国国民收入,促进经济增长,此点在国民收入核算恒等式"Y=C+I+G+(X-M)"中可见。式中,"Y"代表一国国民收入,"X-M"代表出口大于进口部分,即贸易顺差。简单的数学公式说明了如果一国出口量(X)大,则有利于国民收入扩大。贸易顺差代表着拉动经济的"三驾马车"之一的净出口,而其余两驾马车同样离不开贸易:消费大量产生贸易,贸易同样伴随投资,政府采购则几乎成为贸易必争之地,世界贸易组织(WTO)专门就政府采购制定协定。正是依靠发展出口导向型经济,20世纪60年代日本开始经济腾飞,并带动东南亚部分国家经济发展,形成了以日本为领头雁东南亚国家为跟随者的"雁形模式",引发"亚洲四小龙"的经济奇迹,而与之同步对应的拉美国家"进口替代型"经济发展模式却遭遇梦魇。以智利、阿根廷、巴西等国为典型的国家长期陷入"中等收入陷阱",原因在于忽视了国际市场需求,未能发挥贸易的重要作用。国家战略虽然专注于制造领域的价值创造,但是缺乏国际市场流通领域的价值实现,财富增长基础薄弱。2001年,中国借助加入WTO的契机,与世界需求市

场无缝对接,贸易规模迅速扩大,无不折射出今天人类所处的商业时代,贸易对国家经济发展的重要性。

经济学基本原理已经揭示出贸易是连接供给和需求的重要通道和媒介,对一国经济增长至关重要,而微笑曲线则更进一步揭开了贸易在国际竞争中利润分配的秘密。

1992年,台湾宏碁集团创始人施振荣先生为了应对产业竞争提出了"再造宏碁"的微笑曲线(图2),为产业发展指明了方向。微笑曲线直观反映出价值循环过程中,制造生产领域和商业流通领域参与价值分配、利润获取的经济规律。制造企业与商业企业的共性在于都是在企业资源既定条件下,追求利润最大化。利润最大化取决于两个方面,一是利润率,二是贸易规模。在同等产品规模下,显然高利润率更有利于获取更大利润。企业如果处于微笑曲线两端的产业链上游技术研发、专利、零部件生产等环节,以及处于产业链下游的销售、服务等环节,则具备高获利可能,因而企业应向产业链上下游高附加值环节攀升,从而提升国际竞争力。

显然,微笑曲线揭示了产业链下游贸易环节获取高利润的商业规律,欧美发达国家以及日本、韩国、新加坡

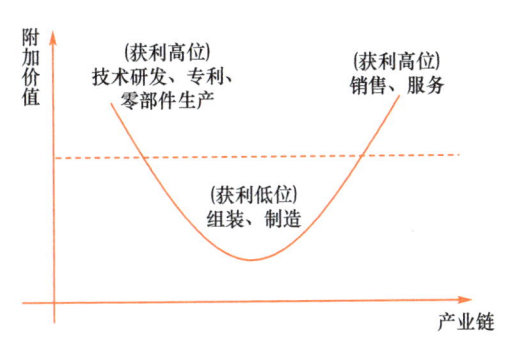

图 2 微笑曲线

等国的企业很好地贯彻了这一策略,即通过占据技术制高点及控制商业流通获取高利润。典型如苹果公司,2018—2021 年四年净利润分别为 595 亿美元、552 亿美元、574 亿美元、946 亿美元,仅智能手机利润在整个行业的占比就高达惊人的 93%,将微笑曲线揭示的商业规律诠释到了极致。当然,正如"比较优势"说所论证的,中国的很多行业是依靠大规模、低利润率,通过制造环节来进入流通领域,助力中国经济腾飞。2009 年,中国成为全球货物贸易第一大出口国,其后基本维持该地位,绝大部分行业依靠低利润率、大规模量,虽然处于微笑曲线低附加值底端,但仍然获取了大量利润,促进了中国企业、行业的整体壮大。通过全球贸易,中国企业积累了经验,逐步

认识到产业链上下游高附加值两端的重要性,因而努力进行攀升。在全球500强企业排名中,中国企业数量正在日益增加,在2019年首次在数量上以129家超越美国的121家,反映出中国企业在制造领域和贸易领域的进步与提升。

如今的社会处于商业时代,供给侧产品和服务的丰富化带动了需求端的井喷效应,人们对物质产品和精神产品的需求日益多样化、个性化,贸易贯穿了生活、工作、娱乐、休闲的方方面面。中国2021年社会消费品零售总额达44.1万亿元,贸易占据GDP的四成左右。不仅仅是在现实的物理世界,虚拟世界里贸易也同样金额庞大,中国2021年全国电子商务总额为42.3万亿元,尤其是随着信息技术的日新月异,个别企业甚至已经在探究"元宇宙"的神秘概念,打通网络虚拟世界与现实世界的连接。在网络虚拟世界实现信息沟通、达成契约,并在现实世界完成交易,可能会成为未来人们的一种主流生存方式,从而使得人们的精神世界更加丰富、神奇,催生新的贸易模式。国家控制的货币领域诞生出"比特币""以太币""莱特币""瑞波币"等一系列令人眼花缭乱的虚拟货币,并且可以进行网络交易,可见贸易的形式将会随着时代的前进而纷繁衍变。

▶▶ 价值分配：经济主体利益分享

分工提升效率、节约时间，让复杂的事情简单化，帮助企业降低生产成本，参与国际竞争，借此在国际贸易中形成绝对优势——这便是现代经济学之父亚当·斯密在《国富论》开篇提出的经济思想。在价值创造和流通过程中，不同的经济主体将参与价值分配，否则该主体将失去参与价值循环的动机。

生产领域的产品制造形成了价值，但是如果没有流通领域的产品输送，价值就无法实现。因而，贸易规模的扩大必然伴随商业资本的介入，而商业资本的介入则意味着其将参与产业资本的剩余价值分配。

经济主体的利益分享成为一国国民经济的组成，当今农业、制造业、服务业已经日益交融，三大产业之中的生产企业、商业企业成为价值循环的供给方，通过各自的经济活动寻求利润分配，维持企业的生存及发展。

原始社会，生产力低下，生存环境恶劣，人类自给自足尚力有未逮，更无法奢谈大规模物品交换。及至封建社会，生产力水平大幅度提升，封建主依靠武力占有土地、奴役他人劳动攫取大量私人财富，从而扩大了产品贸

易。资本主义社会,机器大生产为贸易规模的扩大提供了产品基础,分工日益细化,行业形式日益多样,催生了零售业、批发业、运输业、金融业、咨询业、服务业等多种经济主体,市场经济逐渐趋于成熟。市场经济的主旋律离不开竞争,因此,价值循环过程中,单一依靠制造企业很难实现产品从生产领域到流通领域的整体环节,往往需要其他经济主体的参与,从而既有协作,也有分工,以提升市场竞争力。特别是当供过于求成为常态、过剩成为矛盾时,经济主体更需要专业化,从而通过参与价值循环发挥协同效应。

商业竞争的激烈程度从图 3 智能锁产业链可见一斑,参与的经济主体众多,包括图中未体现的资源主体、物流主体、银行结算主体,以及如果出现商业纠纷需要介入的法律主体。

小偷曾经是人类社会中长期存在的为人所痛恨、不齿的古老职业。私有制出现后为了保护私有财产,人们发明了锁这种防君子但是只能一定程度防小人的物品。不管如何,锁具备一定的安全性。中国早期的锁见之于距今 5 000 年左右仰韶文化时期的木锁,其后出现金属锁。欧美国家依靠信息技术于 20 世纪 70 年代发明智能锁,我国则于 20 世纪 90 年代开发使用密码锁、指纹锁等。智能锁已经成为今后的发展趋势,其参与的经济主体包括上游原材料供应商、中游加工制造厂,以及下游经销商,它们共同构成智能锁产业链。从图3可见,原材料供应商就包含了生产铜、铝合金、不锈钢等的厂商,下游则包含了线上、线下经销商,以及图中未体现的电力、自来水供应方等。众多经济主体的专业分工、协作,促使智能锁从产品制造完成至进入流通环节,成为房地产、配套

图3 智能锁产业链

工程、家庭、酒店等使用的产品。而在此过程中,每一个环节都必然附加利润,从而价格逐步上升,各经济主体在此过程中依靠产品加价获取利润,分享利益。显然,智能锁产业链反映了商品价值从创造到实现过程中的商业规律和经济原理,也成为众多经济主体日益追求科技进步、完善管理,从而提升市场竞争力的源源动力。唯有如此,才能提升本企业在行业中的专业性和市场份额,从而在商业竞争中谋求一席生存之地。

价值分配既体现在微观层面的经济主体利润分配,又体现在宏观层面的国家贸易利益分配。二战之后,世界经济迎来和平发展期,逐渐分化为南北国家,即发达国家和发展中国家。发达国家凭借技术优势、资本优势,产业多居于微笑曲线高附加值两端,通过国际贸易获取高利润。1949年,阿根廷经济学家劳尔·普雷维什曾向联合国拉丁美洲和加勒比经济委员会递交了一份《拉丁美洲的经济发展及其主要问题》报告,用翔实的数据论证了发达国家的制成品出口价格指数和发展中国家原料及初级品出口价格指数变动趋势,得出的结论是后者远低于前者,发达国家攫取了大量贸易利益。显然,发展中国家在技术、资本、管理等多方面处于劣势,特别是很多发展中国家在人口素质、政治环境、教育培训、经济治理、发展意识等多方面还处于非常落后的水平,因此在全球价值链利益博弈中必然处于不利地位。只有少数新兴经济体如"金砖国家""灵猫六国"等,在发展意识、制度安排、产业分工、对外贸易等重要领域已经融入世界经济发展轨道,努力利用后发优势实现弯道超车,取得了不错的经济成就,在全球价值链分配中逐步提升竞争力。尤其是我国自加入WTO之后迅速扩大出口贸易,被公认为经济全球化进程最大的获益者,这也是中国自1978年改革开放之后扭转乾坤,走上了一条正确的经济发展道路的必然成果。

▶▶ 价值消费:劳动成果满足欲望

产品从生产领域进入流通领域,最终目的是满足消费者的使用需要。1943年美国心理学家亚伯拉罕·马斯洛在《人类激励理论》一文中提出了"需求层次论"(图4),认为人的需求由低到高分为五个层次,逐渐递进。从中可见,人具有不同的需求,每种需求建立在欲望基础之上,满足欲望通常需要物质产品或精神产品,因而专业化分工的企业提供这些产品,如果消费者具备了购买力并且青睐该产品,则价值循环就进入最终的消费环节。萨伊定律认为"供给自动创造需求",同样说明在供不应求

的状况下,产品只要生产出来,消费者必然会购买,用以满足消费欲望。

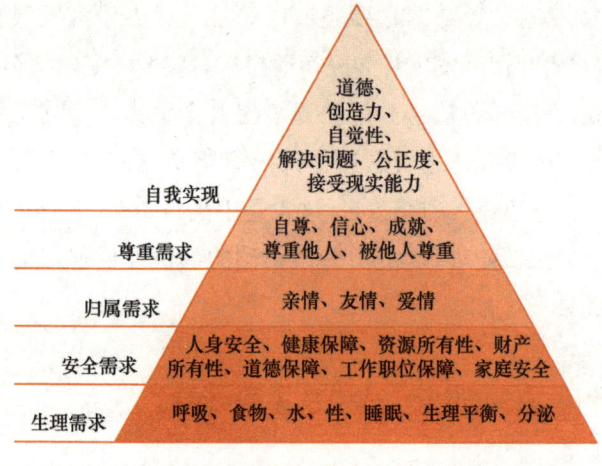

图 4 马斯洛需求层次理论

金字塔从顶到底:
- 自我实现:道德、创造力、自觉性、解决问题、公正度、接受现实能力
- 尊重需求:自尊、信心、成就、尊重他人、被他人尊重
- 归属需求:亲情、友情、爱情
- 安全需求:人身安全、健康保障、资源所有性、财产所有性、道德保障、工作职位保障、家庭安全
- 生理需求:呼吸、食物、水、性、睡眠、生理平衡、分泌

人类从南方古猿进化到能人、直立人、智人、现代人的漫长历史中,随着智力的提升和环境的变化,需求也从最基本的生理需求、安全需求上升到归属感、社交需要、追求成就和价值超越等高级需求。每一种需求往往都需要以物质基础作为支撑,这种物质基础最初表现为自然资源,例如水、采集的植物果实、狩猎的动物等,用以满足生存需要。原始人为了防止动物攻击,用石头堵住居住

的洞穴；从自然火中认识到烤熟的食物更加可口、易于消化，并且迅速促进大脑发育、智力提升等，这些无不需要物品进行支撑。生产工具的不断改良提高了产品的生产效率，直到工业革命从根本上改变了人类在地球上的生活方式，科技的突飞猛进创造了今天繁荣的商业时代，进一步诱发人们无穷无尽的欲望。而为了满足人类不断增长的欲望，专业化的分工愈加精细，产业门类日益繁多。

劳动价值论概括了商品的使用价值和交换价值二重性，正是因为商品首先具有使用价值，所以才使得交换成为可能。劳动成果具备了商品的使用价值属性，通过贸易进行交换，从而满足人的生存、发展需要，最终以消费作为价值循环终点的标志。

时至今日，宏观经济学原理主要围绕经济增长、物价稳定、就业保障、国际收支平衡四个基本目标，而消费正是贯穿这些目标的核心。从世界范围看，市场经济已经成为主流，发达国家更是很早就认识到经济增长、物质财富增加对于提升本国居民福利水平的重要性。拉动经济的"三驾马车"首提消费，发达国家中消费对经济增长的拉动作用往往很大。中国作为发展中的新兴经济体，在改革开放的前30年主要依靠投资和出口，而自2014年中国经济的增长模式开始进行调整，以供给侧结构性改

革促使消费升级,挖掘国内市场的消费潜力。特别是2020年以来,国内消费市场成为中国经济安全的重要保证,因而我国迅速做出了构建以国内大循环为主体、国内国际双循环相互促进的新发展格局战略调整。双循环新发展格局重点即在于畅通国内经济大循环,提升本国经济自主性,降低对外部市场和资源的依赖,成功的起点则在于本国消费水平提升、消费升级、消费规模扩大。为此,供给侧结构性改革需要与消费进行匹配,以达到更高水平的供需平衡。

从世界最大的经济体美国来看,消费不仅对于本国福利水平提升有重要意义,而且进入21世纪以来,美国作为超级大国,借助美元世界货币地位,通过消费主导全球资源走向,对世界经济产生了重要影响。根据美国商务部公开数据,2021年美国GDP为23万亿美元,消费总额达18.9919万亿美元,占经济总量的82.57%。正是基于庞大的消费规模,美国市场成为全球其他国家出口企业垂涎的"蛋糕"。因为出口至美国市场能够获取美元收汇,通过本国商业银行置换成本国货币,企业就能获得利润及维持企业生产循环的现金流。而美国与其他国家的区别在于发行美元几乎是零成本(发行纸钞、硬币需要一些成本,数字货币下银行转账通过计算机转换数字几乎为零成本），这就使得一国出口美国市场越多，本国美元外汇储备越大，美国发行国债规模越大。最直接的体现是中日两国长期居于美国最大的债权国地位，中国外汇储备最高接近4万亿美元，缘于两国企业出口美国市场规模很大。20世纪80年代美日"彩电大战""汽车大战""半导体大战"等贸易摩擦，均是以上出口格局的真实写照及不良后果。

随着人民群众追求美好生活愿望的不断加强，消费规模日益扩大，对经济增长的基础作用日益增强。2014年，我国消费市场规模全球排名第二位，达262 394亿元，占GDP的比例为40.77%，仅次于美国。2016年、2019年我国消费市场规模分别达33.2万亿元、41.2万亿元，占GDP的比例分别为44.48%、41.76%，随着新冠肺炎疫情基本结束，可以预见，中国市场的消费规模将日益扩大。

中国经济规模的迅速增长主要得益于2001年加入了WTO。中国政府积极满足世界市场需求，依靠出口导向，经济规模在21世纪的第一个十年连续超越意大利、法国、英国、德国、日本，于2010年成为世界第二大经济体。在此期间，中国商品大量涌入世界市场，本国居民虽然消费体量小，但是依靠出口提升了本国经济实力，本国居民就业得到保障，收入水平大幅度提升，从而提升了消

费能力。正如党的十九大报告提出"当前中国社会的主要矛盾是人民日益增长的美好生活需要和不平衡不充分的发展之间的矛盾",中国人民对美好生活的诉求首先体现在消费领域,包括丰富的物质产品消费及精神产品消费,从而奠定了中国企业生产运营的基础。中国消费市场的巨大潜力也对世界多国企业形成了"引力场",2018年举办的首届中国国际进口博览会成为多国企业瞩目的焦点。正是随着改革开放的不断深入,中国经济稳中求进、稳中向好的局面奠定了中国居民庞大的消费基础和巨大的消费潜力,形成了经济可持续发展的源源动力,并且为世界经济增长做出贡献。

贸易竞争利益博弈

财者,为国之命而万事之本。

——苏辙《上皇帝书》

商业的本质在于对利润的追求,满足经济主体对财富占有的欲望。特别是人类社会进化到当今的高级商业时代,人们普遍追求高质量的美好生活,这要求社会必须具备一定的物质基础,从而通过消费实现更高层次的需求。生产力的不断发展,尤其是科技的频频突破,使得过剩成为制造领域的常态,因而催生了激烈的利益博弈,贸易竞争无处不在。

▶▶ 贸易产生:分工奠定基础

18世纪60年代英国出现了第一次工业革命,开启了

以机器化生产代替手工劳动的巨大变革,蒸汽机作为动力机被广泛使用。出于对财富的渴望,彼时的英国人醉心于科技发明,众多的划时代发明创造不断涌现,特别突出的有:1733年机械师约翰·凯伊发明了"飞梭",提高了织布速度;1764年织工詹姆士·哈格里夫斯发明了"珍妮机",开启了工业革命的序幕;1765年詹姆斯·瓦特制成改良型蒸汽机,推动了机器生产的普及和发展,引领人类社会进入"蒸汽时代"。至1840年,英国率先完成了第一次工业革命,成为当时的世界霸主,其工业品产值占世界总量的四成,号称"日不落帝国"。

由于数量众多的工业品在英国本土无法实现销售,英国必须通过贸易向他国的市场版图扩张。如何使他国接受英国众多的工业品呢?必须有一定的理论支撑贸易的开展,从而为英国资产阶级的利益服务。

今天我们回顾历史,很容易发现任何时代都具有一定的局限性,意即生活在当时的环境下,人类容易"一叶障目,不见森林",对很多简单的原理未必能够洞察。但是时过境迁,往往"茅塞顿开,豁然开朗"。这也让我们理解为何人类从南方古猿进化到今天的现代人经历了如此漫长的历史阶段。同样,在贸易原理的发现过程和贸易规律的认识过程中,也必然经历众多的曲折,才能去伪存真。

第一次工业革命时期的英国制造了大量产品,包括煤炭、冶金、钢铁、盐、棉花、纺织品、火药、玻璃、糖、肥皂等。彼时的英国在制造领域一枝独秀,但是庞大的生产规模无法依靠本土24万平方千米及2000多万人口进行消化,因而英国必须一方面专注于继续扩大生产,另一方面还要为本国产品寻找出路。

此时,亚当·斯密出现了。他在实践当中勤于观察及思考,并善于将理论联系实践,专注于经济研究。例如,他认为"同行人很少聚会,但是他们的会谈不是策划出一个对付公众的阴谋就是炮制出一个掩人耳目提高物价的计划"。1776年,亚当·斯密出版了划时代的巨著《国富论》,在此著作中提出了著名的"分工理论"和"绝对优势论",开创了现代经济学的研究先河,其被后世尊称为"现代经济学之父"。

《国富论》开篇即提出"分工理论",认为"一国国民每年的劳动,本来就是供给他们每年消费的一切生活必需品和便利品的源泉。劳动生产力上最大的增进,以及运用劳动时所表现的熟练、技巧和判断力,似乎都是分工的结果。有了分工,同数量劳动者就能完成比过去多得多的工作量,其原因有三:第一,劳动者的技巧因业专而日进;第二,由一种工作转到另一种工作,通常须损失不少

时间,有了分工,就可以免除这种损失;第三,利用适当的机械简化劳动和节省劳动"。① "分工理论"的提出源于亚当·斯密对扣针制造的观察,十八道工序的分工使得单位时间产量比分工前提高了几十倍,因而亚当·斯密得出了分工对于劳动生产率提升的重要性结论。

分工的作用不仅仅是节省时间,使复杂的工序简单化,更重要的是使得专业细分领域更加注重技术革新、发明创造,这促进了第二次工业革命、第三次工业革命的诞生,乃至于当今时代工业 4.0 革命的孕育,特别是互联网信息技术和金融创新对于贸易在全球范围的遍地开花起到了决定性作用。

回顾最初的原始部落之间的交易,那时生产力低下,稀缺的物品仅能满足人们的生存需要,因而以血缘为纽带形成部落,以保证人们守望相助,在恶劣的自然环境中通过狩猎采集维系生命的延续。基于对物品消费的需求,产生了偶然出现的物物交换,形成贸易的萌芽。随着冶金技术的发明,生产工具得到改良,剩余产品增多,交易规模逐渐扩大。为了交易的便利,逐渐出现了纸币,乃至今天的数字货币。贸易形式的多样化离不开有形产

---

① 亚当·斯密.国富论[M].北京:中央编译出版社,2019.

品,并衍生出无形的服务贸易。有形产品的制造能力奠定了贸易的基础,而分工则是当今世界制造业空前强大的根源,并为贸易的繁荣奠定了坚实的产品基础。

亚当·斯密的"分工理论"主要指制造业分工,而实际上,基于利益博弈的贸易竞争正是分工日益细化的结果和需要。这种分工不仅体现在一国内部的产业内分工和产业间分工,还体现在国际范围内国家之间的产业分工。就大的行业而言,企业专注于农业、制造业、服务业等,例如,商人的出现使得国际贸易成为可能,这正是基于分工细化。就单个产业链而言,企业专注于原材料供给、中间品制造、最终产品加工、商业流通及服务。例如,金融业的日益专业化促使国际贸易的便利性极大地提升。众多企业通过精细化分工,专注于打造本企业核心竞争力,提升企业竞争力,才能在价值链当中寻求一席之地。

分工在贸易中的作用不仅体现在提升效率上,还体现在降低成本方面。产品从制造领域进入流通领域,最后到达消费者手中,需要经历若干环节,特别是国际贸易路途遥远,通常采用班轮海洋运输以降低成本。以全球最大的海运公司——丹麦马士基公司为例,如果中国的中小企业通过该公司租船订舱,即使该企业每年出口 200

个货柜(货值为 400 万~500 万美元,贸易规模已经相当可观),其体量对于马士基公司而言也根本微不足道,企业很难获得优惠的海运价格,与马士基公司联系的时间成本、人工成本也较高。但是,如果中国的中小企业将租船订舱业务委托专门的报关公司处理,由于报关公司可以承接上百家企业的租船订舱业务,那么通过该报关公司每年出口的货柜能高达 10 000 个以上,货值可达 2 亿~3 亿美元,则该报关公司能够通过与马士基公司的商业谈判及长期合作,为所有中小企业提供更加优惠的海运价格,并且提供报关服务,节省企业的人工成本、时间成本,提升企业通关效率。这就是分工促进贸易的直接例证。类似的例证不胜枚举,见之于旅游公司、技术服务公司、互联网公司。特别是平台经济对于贸易的促进作用,更是达到了令人叹为观止的境地。

2003 年,中国曾经短暂出现过非典病毒,由此引发了互联网创新,这就是中国平台经济的起源。事实上,早在 20 世纪 90 年代,美国 eBay 即已开创了平台经济时代。今天中国如日中天的阿里巴巴即是 eBay 商业模式在中国的翻版。由于中国庞大的人口规模和巨大的消费潜力,平台经济在中国的运用效应远非美国 3 亿多人口可比,更遑论世界其他国家。同时,平台经济又衍化出专业的快递公司,借助平台经济春风,顺丰、申通、中通、圆通、韵达都成了声名显赫的物流业巨头,顺丰快递甚至拥有专业的航空运输基地,在股票市场也成为蓝筹股。分工的巨大效应在中国的贸易领域达到了极致。2022年,阿里巴巴"双11"一天的营业额就达到8 894亿元,约合1 272亿美元,超过世界上160多个国家2021年全年的GDP。换言之,阿里巴巴公司"双11"一天的营业额排名2021年全球国家第57名,低于第56位的科威特(1 323亿美元),高于第57位的摩洛哥(1 260亿美元)。

▶▶ 贸易初探:交换点燃火花

英国古典政治经济学家威廉·配第是劳动价值论的初创者,提出"劳动是财富之父,土地是财富之母"。1867年,卡尔·马克思出版了《资本论》,在威廉·配第、亚当·斯密、大卫·李嘉图等学者研究的基础上进一步明确了劳动价值论,即商品具有二重性,商品具有使用价值,使用价值是价值的基础,价值是凝结在商品中的无差别的人类劳动。

正是商品使用价值的存在,才使得商品具备了交换价值。交换价值在物物交换时代表现为一种使用价值同

另一种使用价值相交换的量的比例,在货币时代则表现为商品与货币的交换关系,即一定数量的商品交换货币的多少。

贸易的发展史伴随人类社会的进化史,旧石器时代人类狩猎采集,往往食不果腹、衣不蔽体,难以形成物物交换的基础。为了生存,在与恶劣的大自然环境斗争的过程中,人类的大脑和智慧不断发展,迎来了新石器时代生产工具的重大改良。新石器时代母系氏族公社出现了剩余物,偶然的物物交换犹如暗夜里点燃的火花,为人类贸易演进的漫漫路程带来了一丝光明。

氏族部落之间偶然的物物交换满足了彼此的需求,随着物物交换的扩大,具有普遍使用性并被普遍接受的一般等价物成为交换媒介,以提升交换的便利性。依据古希腊历史记载,牛、羊、谷物都曾经充当过一般等价物。在中国古代,羊、布、海贝、铜器、玉璧也都曾作为一般等价物用于交换,距今5 000多年前的中国仰韶文化遗址中就发现了海贝这种等价物。这些实物等价物作为交换媒介存在地域和时间上的限制,并且由于体积、重量、储存、携带等方面的不便,一般等价物逐渐过渡到由金属如金、银充当。由此逐渐形成了货币的演变历程,极大地提高了贸易的便利性。今天的货币主要表现为电子货币、数

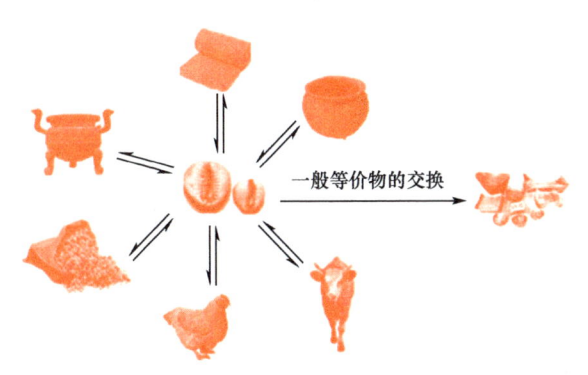

字货币,其高效性、便利性贯穿在电子商务和国际贸易之中,促使网络交易、国际贸易的规模空前庞大(图5)。

图5 一般等价物的交换

中国古代王朝的记载最早有传说中的三皇五帝,但是明确的第一个世袭制王朝记载始于夏王朝。夏王朝处于新石器时代晚期,其中的一个部落名为商,商部落的首领王亥特别善于交换,经常率领仆从带着牲畜等物与其他部落交换。其后商朝逐渐强大,灭夏以后经历了31代君主,持续了500余年,为周朝所灭。商朝遗民一方面保留了交换的传统,另一方面由于地位低下,为生活所迫不得不从事物品买卖。大量商朝遗民从事这种交换形成了当时人们对这一群体的普遍称谓——商人,并且一直保

留至今，衍生出商业、商品等名称。

溯源中国古代贸易，商朝是必须提到的具有浓墨重彩的一笔，其代表着频繁的、扩大的物物交换，并且成为中国商业的起源。而另一个对交换具有划时代意义，并且值得写进世界贸易史的则是北宋年间出现的交子。它不仅遵循了经济学的效率原理，极大地提升了交换的便利性，而且对于探究当今时代虚拟经济膨胀、金融危机爆发的原理同样具有启发意义。

北宋仁宗年间，在四川地区使用的铁钱极为笨重，流通不便，买1匹绢需要使用90斤甚至上百斤的铁钱，显然不利于交换的进行。

公元1000年左右，一种为不便携带巨款的商人经营现金保管业务的"交子铺户"在四川成都出现了。商人将笨重的铁钱交付给铺户，铺户将铁钱数额填写在楮纸上作为取款兑付的凭证，铺户在此过程中收取一定的保管费，兑付时每贯扣除30枚铁钱。由此可见，金融系统中的银行早在1 000多年前就已经在我国出现了雏形，这比号称现代商业银行鼻祖的荷兰阿姆斯特丹银行（1609年创立）还要早600余年，我国古代先人的智慧不能不令人叹服。（图6）

图 6　北宋交子——世界最早的纸币

15世纪吸引欧洲人开启地理大发现冒险的《马可·波罗游记》对元代"交子"也有记载：马可·波罗见到一张薄薄的纸上加盖大汗的印章，就能在集市购买很多东西，觉得极为神奇，认为这就是蒙古国"大汗的炼金术"，因为这张纸就充当了当时在欧洲的金币、银币的作用。相比之下，欧洲最早的纸币出现在1661年的瑞典银行，这比我国整整晚了660年。

"交子"顾名思义,"交"是交合的意思,代表两张券双面印刷,合得起来就交钱,"子"是当地方言末尾发音。经营"交子"的铺户很快就获得了利益,于是很多人开始经营,造成部分铁钱无法兑付的混乱状态。因此,1004—1007年,益州知州张咏对铺户进行整顿,特许由16户富商专门经营"交子",相当于地方政府对发行"交子"予以官方认可。此时的"交子"运用楮纸进行印刷,上有图案、密码、画押、图章等印记,面额由领用人临时填写,作为支付流通凭证。由于具备很精深的技术,"交子"很难被仿制,从而保证了兑付信用。后来北宋政府意识到了"交子"蕴含的巨大利益,因此开始将发行权收归朝廷,正式发行"官交子",并且逐步过渡到规定为固定的数额,按发行量的28%准备铁钱作为准备金,从中获取今天金融学所称谓的"铸币税"。后北宋朝廷为了应付战争赔款、朝廷开支,随意增发"交子",导致"交子"购买力大幅度下降,"交子"改为以缗为单位的"钱引",南宋时期则参照北宋发行方式改为"会子"。

从上可见,"交子"增发导致官方无法以相应的铁钱作为准备金(今天的银行仍然需要向央行缴纳法定准备金以保证兑付信用)予以兑付,从而导致信用度下降。并且,北宋朝廷偷偷增发1倍的"交子"后,百姓发现市面上的"交子"大大增多了,可是能够购买的货物却不够,因而"交子"作为交换的媒介,其作用就大大下降了。800余年后,凯恩斯开创的"宏观经济学理论"认识到超量的货币追逐稀少的商品会引起通货膨胀,导致货币购买力下降,其中蕴含的原理早在北宋时期,我们的先人就已经用实践证明过了,只是没有系统地总结和正式地提出罢了。

国外贸易发展史中,较为著名的商人是腓尼基商人和威尼斯商人,他们均善于经商,都是通过交换获取了大量财富,在西方贸易史上写下浓墨重彩的一笔。

约公元前20世纪,在现黎巴嫩附近出现的腓尼基人在地中海沿岸进行交换,建立商业都市,最终抵达北非,创建迦太基城,与古罗马隔海相望、分庭抗礼。在罗马崛起之前,迦太基控制了地中海领域东西方向的贸易航道,选择用贸易与埃及换取和平,用技术与以色列换取和平,用金钱与亚述换取和平。腓尼基人航向地中海沿岸不同国家进行以物易物的交换,特别是与西班牙以及北非交换获得金、银、锡,以海洋贸易积蓄国力,从而奠定了迦太基富庶的国家基础,在欧洲、西亚大国环伺的险恶生态中得以生存。

迦太基在鼎盛时期疆土辽阔,地理版图包括现北非

沿岸，西班牙中部，法国科西嘉岛，意大利撒丁岛、西西里岛及马耳他岛，以农业与商业作为立国基础，国民尤其擅长航海与贸易，是当时地中海地区最具活力的经济强国。

从公元前7世纪下半叶到公元前3世纪，在长达400余年的时间内，迦太基以海洋贸易作为国家命脉，利用独占地中海东西航线的优势，成为巴勒斯坦与伊比利亚半岛日用品、贵金属交易的中继站，从而带动了国家的繁荣。

海洋贸易的重要性在15世纪地理大发现后更加突显，从葡萄牙到西班牙、荷兰、英国，在长达200多年的海上争霸过程中，各国轮番登场，依靠武力、军舰争夺海上航线控制权，原因即在于海洋贸易能带来巨额财富。

公元14世纪在意大利兴起的文艺复兴运动对于欧洲摆脱中世纪黑暗时代具有决定性意义。英国戏剧家莎士比亚的名著《威尼斯商人》举世闻名，如今的威尼斯更多的是以水城而为世人所知，但是在文艺复兴时期，威尼斯的商业繁荣也是一道亮丽的风景线。

威尼斯具有隐秘的水道和艰险的滩涂，因而形成天然的保护屏障。威尼斯没有农业，缺乏淡水、小麦、木材、肉食，市民只能依靠金钱换取生活的必需品，船只、航海、货物运输是威尼斯的全部。威尼斯人的信条是："没有商业,我们不知道如何生存。"他们贩卖武器给埃及,将波罗的海的琥珀运送至图坦卡蒙的墓室,将蓝色的釉陶从迈锡尼运送至巨石阵,将康沃尔的锡运送至黎凡特的熔炉,将马六甲的香料运送至法兰西宫廷,将科茨沃尔德的羊毛运送至开罗。威尼斯人善于评估风险、计算盈收,熟知商业规则,因而尽管物产贫瘠,但是威尼斯却是财富横流。偶然的物物交换,到扩大的物物交换出现一般等价物,最终演变为便利的货币交易媒介,促进了贸易的繁荣。最初的交换就像暗夜里的火花,最终熊熊燃烧,照亮了人类贸易发展的进程。

▶▶ 贸易拓展:市场版图延伸

通过交换,商人获取财富,而互通有无则让物资贫乏的一方获取了对该物资的消费权利,满足了生活需要,提升了福利水平。有了剩余物,出现了国家,商人有了专业化分工,贸易开始在更大范围内拓展,市场版图在世界范围内开始延伸。

原始社会部落之间的交换是国际贸易的雏形,世界范围内国际贸易的广泛开展取决于具有划时代意义的人

类地理大发现。而在1492年哥伦布发现新大陆,使得国际贸易通过海洋运输将全球连为一体之前,中国古代先秦时期即已开创海上丝绸之路,汉代即已开拓陆上丝绸之路。

公元前221年,秦始皇统一中国后,古代中国番禺地区已经拥有相当规模、水平很高的造船业,与南越国的海上交往奠定了海上丝绸之路的基础。自汉武帝之后,西汉商人经常出海开展贸易,开辟了海上交通要道——海上丝绸之路。东汉时期,中国商人使用风帆船与罗马帝国进行了第一次往来,运送丝绸、瓷器经海路由马六甲经苏门答腊到印度,采购香料、染料运回中国。印度商人则将丝绸、瓷器经红海运往埃及,或经波斯湾进入两河流域抵达安条克,再由希腊、罗马商人从埃及的亚历山大、加沙等港口经地中海运往希腊、罗马两大帝国的各个城邦。由此可见,海上丝绸之路的市场版图是如此辽阔。海上丝绸之路至隋唐时代达到繁盛期,至宋元时代达到鼎盛期,至明清时代由盛转衰。

汉武帝时期,张骞两次出使西域,开拓了陆上丝路。自此以后,中国和中亚及欧洲的商业往来迅速增加。通过这条贯穿亚欧的大道,中国的丝、绸、绫、缎、绢等,源源不断地运向中亚和欧洲。

2013年9月7日、10月3日,习近平分别在哈萨克斯坦纳扎尔巴耶夫大学、印度尼西亚国会发表演讲,先后提出共同建设"丝绸之路经济带"与"21世纪海上丝绸之路",即"一带一路"倡议。经过与沿线国家的合作与努力,中国在"一带一路"沿线国家取得了良好的贸易和投资进展。

▶▶ 商业逐利:八方各显神通

商业的本质在于逐利,尤其是科技的突破、信息的透明、供过于求的市场,使得商业竞争充斥国家之间和企业之间。20世纪80年代美日五国签署《广场协定》,正是基于贸易利益引发的国家博弈。

20世纪三四十年代,依靠战后"马歇尔计划"援助,日本经济迅速得到恢复。池田勇人内阁在1960年推出"国民收入倍增计划"让日本出现类似"明治维新"时代的辉煌。20世纪70年代末,日本不仅国内生产总值跃居世界第二位,同时还在工业领域对世界头号强国美国形成了巨大冲击和威胁,其出口的重要工业品如汽车、家电、电子产品等,对欧美国家具有压倒性优势。

日本1968年取代联邦德国成为世界第二大经济体,

其推行的东亚"雁形模式"的核心即是大力发展外向型经济,通过出口促进本国经济增长。与之形成鲜明对比的是,美国在1971年第一次出现15亿美元的贸易逆差,对美国举国形成了巨大的心理冲击效应。彼时的日本彩电、汽车、半导体等重要工业品在全球形成了出口风暴,相较于欧美国家的同类产品具有明显优势。并且日本开始在全球范围内大量投资、并购,彰显出急剧上升的日本国力和日本企业强大的国际竞争力。

与日本蒸蒸日上的经济发展形势相比,美国在20世纪70年代后饱受第二次石油危机的困扰。能源价格大幅上涨导致国内制造业成本上升,产品出口竞争力下降,贸易逆差逐步扩大。伴随财政赤字扩大,美国经济发展形势艰难。日本企业国际竞争力的增强同样对欧洲主要工业化国家形成冲击,由此在美国主导下,1985年美国、日本、联邦德国、法国以及英国的财政部部长和中央银行行长在纽约广场饭店举行会议,签署了著名的《广场协议》,对世界贸易格局产生了重大影响。

依据马歇尔-勒纳条件,本币贬值可以促进本国产品出口竞争力提高,降低贸易逆差。五国政府达成联合干预外汇市场的协议,通过抛售美元诱导美元对主要货币有序贬值,从而可以解决美国日益恶化的贸易赤字。

此后三年,美元对日元贬值50%,而汇率变化显然对美国、日本经济均产生了不容忽视的影响。

美元贬值、日元升值造成的直接变化是日本出口产品的美元成交价格上涨,但是当时日本出口产品和美国本土产品具有一定的结构差异性,因而通过日元升值降低日本产品出口价的初衷并未达成,日本对美贸易逆差仍然扩大。美元兑日元贬值最大的影响是资本市场的财富效应,自《广场协议》签订后,日本股市、地价大幅上扬,积累资产泡沫,最终传导到实体经济,造成日本本土经济陷入"失去的十年",经济增长停滞。有利之处则在于促进了日本大量对外投资及并购,形成了由日本商人控制的海外经济,因而可以看出,《广场协议》既是日本政府屈服于美国政府的政治压力,同时也是日本政府为本国企业国际化转型所采取的应对之策。日本企业一方面立足创新,通过产业优化升级提升国际竞争力;另一方面则借助日元升值大规模进行海外投资,在世界范围内形成了强劲的"日本人经济",成为20世纪80年代中期以后经济全球化的一股重要推动力量。美国企业则通过美元贬值短期内提升了产品出口价格竞争力,有利于企业扩大海外市场。同时美国自《广场协议》之后,开启了金融创新和互联网工程的红利时代,在虚拟经济和新经济两个

领域转移和创造了大量财富,仍然维持了美国头号经济强国地位。美元仍然在国际货币多元化驱使下稳定了金融霸权地位,由此可见,作为世界货币,美元仍然可以通过汇率变化在维护本国利益时游刃有余。

全球化经济形势下,开放带来进步,封闭导致落后。在贸易博弈的全球舞台,中国又有着什么样的表现和成绩呢?

1997年东南亚金融危机重创了东亚"雁形模式",东南亚制造业缺乏金融系统资本"输血",供应链循环受阻,东南亚依靠追随日本出口导向经济模式走向繁荣的大量企业陷入难以为继的困难境地。

金融危机极大地摧毁了东南亚各国的生产制造体系,世界经济的外围遭到重大影响,但是欧美核心经济却并未受到影响,其巨大的市场需求仍然存在,大量的欧美订单仍需要寻找供应商为之服务。对于欧美客户而言,稳定的供应商压倒一切,此时中国政治稳定、经济发展呈良好态势,已经具备了承接制造产业的能力和条件,自然而然受到了欧美国家的青睐。华尔街、伦敦城等的世界主要金融机构敏锐地察觉到中国所拥有的巨大市场与商业机会,开始将投资重心转向中国,资金、技术、管理、信息等现代生产要素被大量配置到中国,尤以广东、浙江、上海等沿海地区为最,结合中国丰富的劳动力资源和政府的先进治理手段,制造业的转移使得当时中国制造业开始大规模扩张,借助外国直接投资的涌入,中国制造业获得了强大的技术溢出效应。

从供给端出发,承接东南亚制造业转移形成了中国制造业的供给能力,但是如果没有庞大的市场容量,供需失衡,仍然无法保证中国制造业的迅速发展。对于中国制造业而言,必须依靠需求市场的带动才能进一步提高,进而提升中国整体经济水平。

关贸总协定(GATT)成为二战之后各国开展国际贸易和经济合作的多边框架,至1995年被世界贸易组织(WTO)所取代,世界贸易组织成为世界经济发展的重要支柱之一。中国本为关贸总协定的创始会员国之一,但由于历史的原因,新中国成立后被排除在关贸总协定之外。并且中国在1978年才确立了改革开放的总方针,总体而言与世界市场的融合非常欠缺。通过扩大开放,中国逐步融入世界经济的发展轨道,此时中国恢复关贸总协定缔约国地位显得尤为紧迫。1986年7月10日,中国正式提出恢复关贸总协定缔约国地位的申请,从而拉开了融入世界经济的序幕,其后经历了一轮又一轮艰苦的谈判。

由于之前的西雅图部长会议受到抵制,原定 2000 年举行的"千年回合"谈判未能启动,紧随其后的"多哈回合"谈判又由于各国的强烈分歧陷入僵局,WTO 的协调及约束作用受到削弱。但是经过 15 年艰苦的谈判,中国于 2001 年加入 WTO 成为第 143 个成员的意义重大,中国制造业迎来了一个与世界市场接轨的良机。仅依靠国内尚不成熟的市场需求很难为中国制造业奠定壮大的基础,只有面向巨大的世界市场,才能实现中国制造业的突飞猛进从而带动第三产业的发展。加入 WTO 之后,中国商品三年出口量翻一番,真正成为"世界工厂",220 多种产品产量高居世界第一位,"MADE IN CHINA"在世界各地随处可见,尽管仍处于微笑曲线附加值最低端的装配及加工环节,然而依靠规模效应和低成本扩张,中国于 2010 年及 2013 年分别成为出口第一大国及货物贸易第一大国,此后基本维持了该地位,成为世界贸易的重要主体。

伴随中国入世之后的高速发展,"三驾马车"(消费、投资、出口)齐头并进,中国经济体量在 2002 年超过意大利,2005、2006、2007 年又迅速超过英国、法国、德国,紧接着在 2010 年超过日本列世界第二位。正是依靠加入 WTO 所带动并释放出的强大活力,结合国内的巨大产能，中国经济取得了重大进展，产业体系逐渐完善。至2014年，中国GDP第一次超过10万亿美元，与美国共同成为仅有的两个"10万亿美元俱乐部"国家，不仅农业发展稳定，粮食生产逐年稳定递增，制造业的提升也促进了商业、建筑、通信、销售、教育、环保、金融、旅游、文化卫生、娱乐、运输等多个领域的发展，中国正在成为全球公共产品和公共服务的强力提供者。

如今，世界贸易的整体格局是传统发达国家仍然占据主导地位，但是中国、巴西、印度、俄罗斯等新兴经济体国家已经深度参与国际贸易，并发挥越来越重要的作用。同时，发展中国家包括非洲国家、拉美国家、南亚国家等也在艰难融入世界经济，利用原料贸易，承接劳动密集型产业发展本国经济。在世界贸易的舞台上，各国正在各显神通，但是贸易竞争必将越来越激烈，这对世界各国都将是一个巨大的挑战。

经贸理论实践变迁

> 真正的商业资本,是思想,而非金钱。
> ——哈维·费尔斯通

经济与贸易理论是在实践中积累与升华,实践中不断演化出现新的经济现象、贸易规律,经济学家对此不断进行总结,形成了众多流派。这些理论如百花齐放,对于人们认识经济原理、贸易规律具有很好的指导性。

▶▶ 从个体到整体:微观与宏观透视

1929年的旧中国还处于军阀混战时期,为了地盘各方势力你争我斗,农业薄弱、工业衰弱,处于简单的自给自足经济状态,各地烽烟四起,民不聊生。而同时期的美国、日本、英国、法国、德国等早已经完成第二次工业革命,经济危机正在席卷这些国家,引发经济学者思考如何扭转经济衰退的局势。此时,在亚当·斯密建立的古典经济学理论体系基础之上的对个体企业的研究日趋成熟,但是从国家整体视角洞察经济规律的理论尚处于空白。1929—1933年的经济危机促使经济学家对宏观经济进行思考,从而完善了对个体、整体的经济理论研究,形成了微观经济学与宏观经济学。

经济学研究的是社会如何利用稀缺的资源生产有价值的商品,并将它们分配给不同的个人的问题。按照研究对象的不同,经济学分为微观经济学和宏观经济学。

➡➡ 微观经济学

微观经济学又称个体经济学、价格理论,研究单个生产者、单个消费者、单个市场的经济活动规律,聚焦资源如何配置。

微观经济学理论最早可以溯源到亚当·斯密的《国富论》,其后大卫·李嘉图完善了古典经济学理论,成为集大成者。1890年英国剑桥大学教授阿尔弗雷德·马歇尔出版了和亚当·斯密的《国富论》、大卫·李嘉图的《政治经济学及赋税原理》齐名的《经济学原理》,被认为是现代微观经济学体系的奠基人。此后,英国的琼·罗宾逊和美国的

爱德华·哈斯丁·张伯伦在马歇尔均衡价格理论基础之上,提出厂商均衡理论,从而建立了整个微观经济学体系。

微观经济学理论的研究核心包括三个方面。一是单个生产者如何在资源既定条件下分配资源,实现利润最大化。二是单个消费者如何在收入既定条件下,合理分配不同的产品消费以实现福利最大化。三是在分析单个生产者和消费者行为基础之上,研究现代西方经济社会的市场机制及其在资源配置中的作用,提出政府应该制定的纠正市场失灵的政策。例如对商品价格的规定和调整、对工资及收入的规定、对消费水平的决策和措施,以及对就业保障的相关政策等。

微观经济学理论的研究基础在于亚当·斯密提出的假定人是理性"经济人",即参与经济活动的每一个人都是利己的,其经济行为都是完全合乎理性的,因此形成了微观经济学理论的核心思想:市场是"看不见的手",能够自动调节市场行为。同时,由于存在垄断、外部性、公共物品、信息不对称等导致市场失灵的因素,需要政府这只"看得见的手"对市场进行调控。

微观经济学理论的主要内容包括均衡价格理论、消费经济学、生产理论、厂商理论、分配理论和微观经济政策。其中,均衡价格理论是核心内容,指消费者的需求和生产者的产量相等时形成的价格为均衡价格,市场此时处于理想的市场出清状态,商品既不会短缺,也不会过剩。围绕价格竞争机制研究厂商行为和利润获取、消费者福利最大化,以及政府的微观经济政策,使得微观经济学理论更加符合现实世界的经济规律研究需要。

简单而言,微观经济学理论主要研究三个基本经济问题:生产什么?如何生产?为谁生产?生产什么是由消费者决定的,消费者以货币为选票、以脚投票,决定厂商的产品生产。换言之,只有消费者愿意购买某种产品,厂商才能生产。例如,索尼公司曾经致力于生产背投电视,但是消费者更青睐液晶电视,从而导致索尼公司在电视制造领域的消失。因此,企业只有根据消费者的需求进行生产决策,才能参与市场竞争、长期发展,否则只能面临破产倒闭。如何生产是由竞争决定的,企业如果不能适应竞争,不能通过降低制造成本来加强客户服务,那么企业就无法获取利润维持生存及壮大发展。计划经济时代由于缺乏市场竞争,企业没有提升生产效率、技术研发、完善管理的动力和要求,从而导致生产效率低下。为谁生产取决于谁有购买的意愿和能力,有购买意愿称为需要,加上有购买能力才能称为需求,企业就是为有需求

者进行生产的。因此,企业需要进行市场调研以制定生产决策,包括调研消费者数量、消费者收入水平、消费规模、消费结构、消费偏好等。

➡➡ 宏观经济学

相对于微观经济学,宏观经济学主要研究一国经济总量、总需求与总供给,以国民经济的整体活动作为研究对象,考察国民总收入、就业总水平,因此也被称为就业理论或收入理论。宏观经济学的理论体系是在西方国家经历 1929—1933 年经济大萧条之后,以约翰·梅纳德·凯恩斯于 1936 年出版其代表作《就业、利息和货币通论》为标志建立起来的。(图 7)

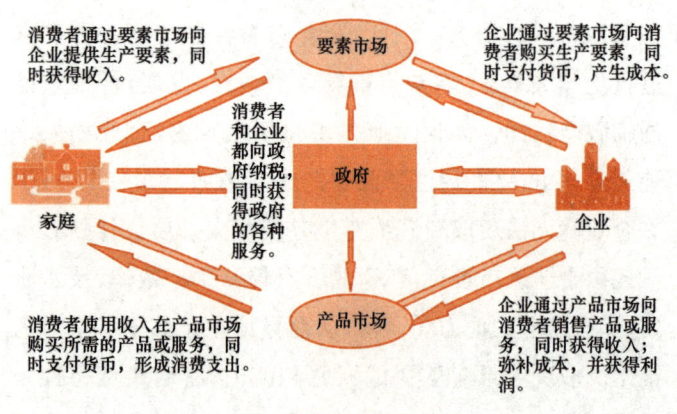

图 7 现实中的企业

宏观经济学的研究目的主要是解决资源利用问题，研究的主要问题围绕国民收入是如何决定的，包括四个方面。

✥✥ 经济增长

最直接的衡量指标为 GDP 同比增速，GDP 即一个国家或地区在一定时间（通常为一个季度或一年）所提供的产品和劳务的总和，是一国经济实力最直观的反映。目前世界上仅有美国和中国 GDP 超过 10 万亿美元，排在第三的日本 GDP 常年徘徊在 5 万亿美元左右，其他如德国、英国、印度、法国等国家与中美的经济规模均有很大差距。截至 2021 年，世界上仅 18 个国家的 GDP 超过 1 万亿美元，中国的广东、江苏、山东、浙江可以单独排到全球第 13、14、19、20 位。发达国家由于经济规模较大，经济发展比较成熟，所以普遍处于低增长态势。中国经济总量也已经很大，并且正在改变要素投入、投资驱动经济增长模式，因而今后主要维持中高速增长。

✥✥ 物价稳定

衡量通货膨胀的主要指标为消费者价格指数（CPI），它反映一定时期内城乡居民所购买的生活消费品和服务项目价格的变动趋势和程度。CPI 如果过高，例如超过

5%,意味着国家面临较大的通货膨胀压力,不利于社会稳定。CPI通常统计居住、食品、交通、通信、医疗、烟酒、服装、娱乐等消费领域产品,各国会根据本国消费结构及国情赋以不同的权重进行计算。

❖❖ 就业保障

失业率是衡量就业状况的指标。一国主要需要解决非自愿性失业,如摩擦性失业、结构性失业、周期性失业等问题,失业率过高将影响居民收入水平,严重情况下会导致社会动乱,例如在一些国家出现的"颜色革命",根本原因在于国民就业无法得到保障。

❖❖ 国际收支

国际收支指一国净出口与净资本流出的差额。理想状态是国际收支能够达到平衡,但是现实当中难以实现。中国贸易顺差很大(2021年为6 764亿美元),同时吸引外资规模也很大(2021年为1 734.8亿美元),但是因对外投资受到各种限制(2021年为1 788.2亿美元),国际收支长期处于出口、投资双顺差状况,很难达到平衡。美国则是长期贸易逆差及大量吸引投资,因而国际收支也无法平衡。

宏观经济学理论的主要内容包括国民收入决定理

论、就业理论、通货膨胀理论、经济周期理论、经济增长理论,以及财政与货币政策。对于一国而言,宏观调控已经成为克服市场失灵、优化资源配置、提升资源利用效率的必备手段。现代化国家的治理能力体现在如何运用宏观经济学原理对本国经济进行必要的干预,以保证经济处于健康发展轨道。从世界范围看,社会主义国家,如中国、越南,以及资本主义国家,如美国、英国、法国、日本、荷兰等国,均运用宏观经济学原理对本国市场和经济进行必要的干预,宏观调控取得较好效果。

微观经济学理论从个体视角出发,宏观经济学从整体视角出发,两者共同组成了当今比较成熟的经济学理论体系。一方面,这些理论存在一定的与现实有差异的限制性假设;另一方面这些理论是建立在西方资本主义国家经济制度框架下的。因此,我们需要结合中国特色社会主义制度下的具体国情,吸收与我国企业、居民、政府调控相符合的理论并就具体问题具体分析,从而更好地做到"六稳""六保",促进中国经济可持续、高质量发展。

▶▶ 从量变到质变:增长与发展蝶变

宏观经济学的形成是在1929年至1933年的西方经

济大萧条之后，可以说经济危机带给国家和人们的伤痛是巨大的。大萧条自美国爆发，波及英国、法国、德国、日本等主要资本主义国家，持续时间、影响范围、破坏力均达到了新高度。

大萧条使人们认识到经济增长对于一国乃至世界的重要性，因而宏观经济学以 GDP 作为关键指标衡量一国经济增速，以促进国民总收入的增加。

有关经济增长的重要理论包括哈罗德—多马模型、索洛经济增长模型、内生增长理论，以及新经济增长理论。

哈罗德—多马模型是在大萧条之后不久基于凯恩斯理论提出来的，但是不被认可为经济增长的"正统"理论，原因在于模型结论是"经济增长是不稳定的"。该模型认为经济增长是由储蓄率和资本的产出率决定的，提出通过发展援助、提高储蓄率促进投资、促进经济增长，发展援助的作用在于实现资本转移及技术转移。

索洛经济增长模型又称新古典增长理论，主要研究劳动力及资本在经济增长中的作用，认为长期增长率是由劳动力增加和技术进步决定的。劳动力的增加不仅可以通过增加劳动者数量来实现，还可以通过提高劳动力素质与技术能力来实现。该理论的主要意义在于改变人们长期以来形成的经济增长主要依靠资本积累的观点，长期经济增长不仅需要资本，更重要的是需要技术进步、教育培训。

内生增长理论又被称为现代经济增长理论，主要解释国家之间的经济增长差异性的横向对比，以及国家自身随着时间变化的经济增长差异性的纵向对比。该理论主要认为经济持续增长可以不依靠外力，内生的技术进步是保证经济持续增长的决定性因素。因此，为了保证经济持续增长，需要从三个方面促进技术进步：获取新知识、运用新知识、提供运用知识的资源条件，包括人力、资本、进口资源等。

新经济增长理论主要是由20世纪80年代中期后以保罗·罗默和罗伯特·卢卡斯为代表的学者提出的，二者均是诺贝尔经济学奖获得者，分别获得2018年及1995年诺贝尔经济学奖，具有重要影响。新经济增长理论的贡献在于：强调知识和专业化所赋予的人力资本作用，人力资本可以促进规模收益递增，成为经济增长持续的源泉和动力；改变了新古典增长理论关于技术外生化的假设，突出技术的内生性，即技术是有意识的投资产物，目的在于经济主体追求利润最大化；提出"干中学"以及知识外溢对经济增长具有重要作用；强调发展中国家对外

开放的重要性,对外贸易不仅可以增加贸易总量,还可以加速先进知识、技术和人力资本在世界范围内的传递;强调政府政策在经济增长中的地位和作用,从而为政府宏观调控提供依据和支持。

不同于传统的新古典经济增长理论,新经济增长理论将经济增长的源泉由外生转化为内生,强调知识积累和技术进步的关键作用,这与工业化革命推动经济的高速增长是一致的。同时,新经济增长理论已经不仅仅局限于分析经济增长,开始关注到经济发展,即经济不能仅仅是数量增长,还需要包含资源节约、环境保护、经济结构、民主权利、教育公平、生命健康、社会结构等多个领域的进步与优化。

20世纪60年代以前,经济学界关注的是经济增长,对经济发展的理解更侧重于国家财富的增加、劳务生产的扩大、人均国内生产总值的提高。1958年,美国经济学家金德尔伯格在《经济发展》一书中定义经济发展为:物质福利的改善,尤其针对贫困线以下人群;根除民众的贫困和与此关联的文盲、疾病及过早死亡;改变投入与产出的结构,包括将生产基础结构从农业转向工业;实现适龄劳动人口的生产性就业,而非只由少数有特权者来组织经济活动;相应地使具备广泛基础的利益集团更多地参与决策,以增进公众福利。此后,经济发展日益受到重视,在欧洲和美国形成了跨学科新领域,相关理论逐渐呈现并日趋成熟。

目前经济发展理论主要分为三个学派:结构主义学派、新古典主义学派、激进主义学派。

结构主义学派借助发达国家先进发展经验,重点研究发展中国家的经济问题。该学派强调资本积累、工业化、计划化,代表性理论有刘易斯的二元经济理论(一国具有传统、落后的农业部门和发达先进的工业部门,形成二元经济结构矛盾)、普雷维什的中心—外围理论(西方发达国家生产结构同质性和多样化中心、发展中国家生产结构异质化和专业化外围)、罗森斯坦·罗丹的大推动理论(在发展中国家或地区对国民经济各部门同时进行大规模投资,促进部门平均增长,从而推动整个国民经济高速增长和全面发展)、罗格纳·纳克斯的贫困的恶性循环理论(发展中国家贫困的原因不在于国内资源不足,而是因为经济中存在若干相互联系、相互作用的恶性循环系列)、赫希曼的滴漏理论(救济贫困不是办法,需要先富带动后富)、罗斯托的起飞理论(现代化需要经历传统社会、起飞准备、起飞、趋于成熟、大规模消费等五个阶段,强调投资与生产进步)等。结构主义发展理论立足于发

展中国家实际,不足之处在于强调政府作用,忽视市场力量,强调进口替代,忽视出口导向,认为该原理普遍适用于一切发展中国家。

遵循结构主义发展理论的国家并未通过采取政府计划和干预达到预期经济发展目标,例如部分拉美国家采取"进口替代"策略却长期陷入"中等收入陷阱"。对结构主义发展理论和政策的反思形成了新古典主义学派发展理论。新古典主义学派部分代表性人物有西蒙·史密斯·库兹涅茨(1971年获诺贝尔经济学奖)、加里·贝克尔(美国芝加哥学派代表性人物,1992年获诺贝尔经济学奖)、西奥多·舒尔茨(1979年获诺贝尔经济学奖)等。该学派代表性的理论有收入再分配论、自由贸易论、市场机制论、农业发展论、人力资本论等。

新古典主义学派重视市场机制和农业在经济发展中的作用,强调人力资本投资、对外贸易开展和外交力量,重视产业数据实证研究。认为政府、市场在经济发展中具有各自的作用,应各自发挥力量促进经济发展。

新古典主义经济学派经历了"张伯伦革命""凯恩斯革命""预期革命"三个阶段的演化,进一步完善了"新古典经济学"理论体系。

"张伯伦革命"提出现实世界更多的是处于垄断竞争或不完全竞争模式,采用边际分析法(比较增加的支出和收益),分析垄断竞争的成因、均衡条件、福利效应;"凯恩斯革命"实现了微观分析与宏观分析的分离,开创了宏观经济学,认为需求不足导致经济难以增长,因而需要采取刺激经济的政策,促进充分就业;"预期革命"认为货币供给将影响总需求,进而导致经济波动,因而存在政府失灵。

激进主义学派又称新马克思主义学派。彻底批判新古典主义,运用马克思主义历史唯物主义方法论揭示发达国家对发展中国家的国际剥削关系。

随着工业革命的深入,国际经贸格局、国际经贸规则、世界各国力量对比等方面发生了变化,经济发展理论也处于不断探索当中。包括新制度主义、寻租理论、可持续发展论等在内的各种理论,开始不断融入社会学、政治学、法学、伦理学等学科,不断产生新的观点。

对于经济发展,经济学家设置了一些衡量指标,如人均收入、文盲率、平均寿命、人均每天蛋白质消耗量、每千人口医师数、人均能源消耗量等。联合国在1990年提出人类发展指数(HDI),由平均预期寿命、成人教育程度、

人均国内生产总值三个指标组成,可以粗略衡量世界各国经济发展水平。欧美发达国家 HDI 指数位居世界前列,2021 年挪威、瑞士、冰岛分别以 0.962、0.961、0.959 居前三位,日、韩以 0.925 并列第 19 位,美国以 0.921 名列第 21 位,中国从 2011 年排名世界第 101 位提升到第 79 位(0.768),反映出我国的经济发展有了一定进步,但是与世界发达国家相比还具有很大差距。众多发展中国家长期处于中等人类发展水平(0.636)和低人类发展水平(0.518),显示出发展中国家仍然面临着巨大的经济发展障碍。

经济增长理论到经济发展理论的演化随着经济实践的变迁,逐步从量变到质变转化,这也反映出工业革命导致的环境污染、资源限制、不平衡发展矛盾等问题日益突出,因而各国既需要追求高质量的经济增长,又需要加强全球治理;既需要市场机制,又需要政府调控。

▶▶ 从萌芽到成熟:自由与保护交织

封建社会生产力水平的大幅提升促进了贸易的繁荣,包括古代中国的"开元盛世"、欧洲的"文艺复兴"前期,贸易已经在全球范围内有了很大发展。尤其是 15 世纪到17世纪人类地理大发现开辟了海上新航道,世界连为一体,促进了国际贸易的空前繁荣。随着对外贸易的扩展和世界市场的形成,国际的贸易结算、借贷、投资和金银的买卖等国际金融业务也相应地发展起来。[①]

贸易如果仅限于国内,那么贸易规模较小、贸易区域受限、贸易关系简单,就很难产生多么高深的贸易理论。一旦贸易规模扩大、贸易区域跨越国界、国家介入贸易竞争,必然导致贸易活动向着高级化、复杂化、激烈化转变,因此,必然需要高深的贸易理论予以解释、论证并指导贸易实践。

第一次工业革命使得"日不落帝国"英国成为18世纪中叶至20世纪初的世界主宰。英国四面环海,海上贸易极为便利,这使得英国的经济具有很强的外向性。[②] 为了使世界其他国家降低关税及打破贸易壁垒,英国成为自由贸易坚定的倡导者,现代经济学之父亚当·斯密开创了自由贸易理论的先河。

自由贸易理论是古典国际贸易理论的核心,古典国

---

① 范家骧.国际贸易理论[M].北京:人民出版社,1985.
② 沈琦.中世纪英国交通史稿(1150—1500)[M].武汉:武汉大学出版社,2018.

际贸易理论是在批判"重商主义"基础上形成的国际贸易的经典理论,或称为纯粹国际贸易理论。亚当·斯密提出的绝对优势论开创了国际贸易和现代经济学的理论先河,大卫·李嘉图则以比较优势论进一步补充了绝对优势论,从而成为古典国际贸易理论之集大成者。

➡➡ 绝对优势论

国际贸易的产生需要具备三个条件:剩余产品、国家政体以及商人的出现。随着欧洲各国商品经济的不断发展,国际贸易规模日益扩大,重商主义采取的保护贸易政策显然不利于过多剩余产品的国外输出。特别是18世纪60年代开始,英国出现第一次工业革命后,飞梭、纺织机、蒸汽机等先进技术促进了英国大机器生产取代手工业生产,大量的剩余工业品无法在英国本土狭小的市场消化,因而需要出现一种代表英国新兴资产阶级利益的学说,为英国的过剩工业品输出国际市场提供理论支撑。在此情形下,亚当·斯密提出了绝对优势论,从分工角度出发,以劳动生产率的高低作为衡量依据,分析了国际贸易产生的原因,以及贸易利益的获取及分配、贸易格局的形成及模式。

绝对优势论又称为绝对成本理论或绝对利益说,其基本思路为：国与国之间劳动生产率不同，则绝对成本不同；绝对成本不同，则商品价格不同；商品价格不同，则导致国际贸易发生。亚当·斯密在此基本思路基础上，提出"2×2×1模型"，即假设世界存在2个国家、2种产品、1种生产要素（劳动），如果每个国家均专门生产劳动生产率高的产品，则该产品的绝对成本低，单位时间内的产出大，两国进行两种商品的交换，两国的福利均得到提高，两国资源均得到最优利用，两国组成的世界整体范围内因产出扩大导致财富增加。由此扩大为世界多个国家应该遵循绝对优势这一原理进行国际分工专业化生产，从而为自由贸易理论奠定基础。

亚当·斯密的绝对优势论主要阐述以下内容。

❖❖ 分工提高劳动生产率从而增加国民财富

在《国富论》第1章开篇中，亚当·斯密提出"分工出现之后，劳动生产率得到极大提高，运用劳动时的熟练程度、技巧和判断力也得以加强"。通过对扣针制造业18道工序的分工分析，亚当·斯密得出的结论为："凡是能分工的工艺，分了工就可以相应地增加劳动生产力。"[1] 显

---

[1] 亚当·斯密. 国富论[M]. 北京：中央编译出版社，2019.

然,劳动生产率的增加有助于单位时间内扩大产出,或者单位产品所需投入的时间缩短,因而产出的扩大导致国民财富的增加。

分工应遵循成本绝对优势原则

既然分工可以促进劳动生产率的提升,那么每个人专门从事个人具有绝对成本优势的产品生产,即劳动生产率最高的产品生产,然后进行交换,这种方式对每个人才是最有利的。专业化分工使得复杂的工序简单化,以投入劳动时间衡量的商品绝对成本降低,因此人们应该遵循绝对成本优势原则进行产品生产。

国际分工有助于各国开展国际贸易

亚当·斯密从国内分工推及国家之间的国际分工,认为适用于一国内部不同个人或家庭之间的分工同样适用于国家之间。一国同样应遵循绝对成本优势原则,选择劳动生产率更高的产品进行生产,在国际上交换本国所需产品,各国的福利水平均得到提升,世界整体的财富因同等的劳动投入而产出扩大实现增加。

绝对优势论为国际分工提供了理论依据,为自由贸易理论与自由竞争思想奠定了理论基础,是劳动价值论在国际贸易领域的延伸,有利于商品经济规模扩大及世界市场的进一步形成,同时也有利于各国在分工条件下加大资源的充分利用。依据绝对优势论,亚当·斯密提出"市场是只看不见的手",这为市场经济条件下以自由竞争为主导、以市场进行资源配置提供了指引方向,为政府进行市场管理、宏观调控提供了思路。但是该理论无法解释,如果某一个国家在每种产品劳动生产率上均处于绝对劣势地位,那么这个国家是否可以参与国际贸易呢?依据绝对优势论,不具备绝对优势的国家将被排除在国际贸易领域之外。事实上,发展中国家在很多种产品上不具备劳动生产率的绝对优势,可是这些国家仍然可以参与国际贸易并获利丰厚,具备极大的国际竞争力。典型例证如20世纪60年代开始,日本主导的东亚"雁形发展模式"取得的经济飞速发展,以及中国在2001年加入WTO后,在劳动密集型产品方面与发达国家相比,劳动生产率处于明显劣势,然而中国却在入世后抓住融入世界市场契机,出口规模迅速扩大,短期内成为"世界工厂",说明绝对优势论具有局限性及片面性。

➡➡ 比较优势论

绝对优势论无法解释在很多种产品上劳动生产率均处于低水平的国家能否参与国际贸易并获利,与现实世

界不符,表明该理论有局限性及片面性。在此基础上,英国经济学家罗伯特·托伦斯提出了比较优势论的基本思路,大卫·李嘉图于1817年出版《政治经济学及赋税原理》,系统阐述了比较优势论,成为古典经济学集大成者。

比较优势论也称比较利益说,核心思想为"两优取重,两劣取轻",其基本思路为:现实世界中一国与他国相比,存在多种产品劳动生产率处于优势或劣势的情形。如果按照比较优势论,则该国无法参与国际贸易获利。因此,该国需要通过衡量不同产品劳动生产率与他国的差距进行比较,选择优势更大或劣势更小的产品进行生产和交换,考察产出情况与消费水平,同样可以提升国家福利和增加世界整体财富。

比较优势论的核心思想是:如果一个国家两种产品的劳动生产率均高于或低于另一个国家,该国应该选择与他国相比劳动生产率优势更大的产品进行生产,或选择与他国相比劳动生产率劣势更小的产品进行生产,两国按照此比较优势原则进行国际分工并进行产品交换,则两国福利均得到提高,世界总体财富因此增加。

通过贸易,个人、厂商、地区、国家可以将更多的时间和资源投入到最擅长的产品生产上,并利用由此所获取的利益向他人购买原本需要更高成本才能生产的产品，这就是比较优势。比较优势论提出以比较优势取代绝对优势，从而更接近于现实世界不同国家在产品劳动生产率方面的真实情况，为低劳动生产率国家参与国际贸易并获取贸易所得提供了理论支撑。由此可见，绝对优势论是比较优势论的情形之一，比较优势论的适用范围更为宽泛，与现实世界更为接近，可以解释发展中国家包括中国参与国际贸易、融入经济全球化取得的贸易成就。

  自由贸易通常对于处于贸易优势地位的国家有利，现实世界当中，各国或多或少都会采取一定程度的保护主义贸易政策。保护主义贸易理论最初可以溯源至重商主义。重商主义的概念由米拉波在1763年首创，指15世纪至17世纪中叶产生并流行于西欧的一种重要思潮，并经历了两个重要阶段，对当时的英国、荷兰、西班牙、法国、德国、斯堪的纳维亚等国家产生重要影响。15世纪初，文艺复兴运动进入初期发展阶段，人文主义的兴起逐渐解放了人的思想。伴随西欧社会封建主义制度的瓦解，资本主义生产关系和生产力开始逐步发展，地理大发现刺激了商业、航海业、工业，社会普遍追求通过工商业赚取财富。商业资本和中央集权国家制定经济政策，运用国家行政手段和国家力量支持商业资本的扩张。由此

兴起重商主义思潮,出现了一批重商主义学派代表人物,提出重商主义的财富观和经济政策主张。

重商主义思潮经历了早期重商主义阶段和晚期重商主义阶段,由早期绝对禁止黄金白银外流向晚期主张贸易顺差进行了转变。早期重商主义的代表人物有英国的约翰·海尔斯和威廉·斯泰福、法国的安图恩·德·蒙克莱田等。晚期重商主义的代表人物有英国的托马斯·曼、约瑟夫·契尔德,法国的让-巴普蒂斯特·柯尔培尔,奥地利的菲利普·维尔海姆·翁尼克等。

重商主义关于财富的核心观认为金银(货币)是国家富有的象征,因此国家应该极力获取金银。获取金银除了开采本国的矿藏之外,只能通过对外贸易保持顺差,但是由于不可能所有进行对外贸易的国家都同时出超,金银总量又是固定的,所以国际贸易必然是零和博弈。因此在早期,重商主义者认为必须严格禁止黄金白银外流,在贸易中坚持多卖少买原则,每一笔对外贸易都保持顺差,最好不买国外商品,促使金银源源不断流入国内,以不断积累国家财富。为此,早期重商主义者主张国家必须对经济加以干预,采取行政措施,严禁金银外流输出,对外贸加强管制,对外国商人的活动进行限制,促使本国货币输入超过输出,以增加金银的进口。由此,早期重商主义的这种货币学说也被称为货币差额论。其局限性在于混淆了财富与货币,无法洞察货币的运动规律,即货币需要不断投入流通才能实现增值。[①]

晚期重商主义者意识到绝对地禁止进口以及多卖少买会招致对方的贸易制裁和报复,而且禁止进口显然不利于本国出口,故而他们转变为只要保持国家总体的对外贸易顺差,仍然可以积累金银(货币)财富,因此晚期重商主义也被称为贸易差额论。晚期重商主义盛行于16世纪中叶至17世纪中叶,彼时西欧各国的工厂手工业已经有了较大发展,迫切需要扩大对外贸易规模。因此,晚期重商主义者主张国家应该允许货币输出国外,用以购买本国生产所需原材料或进行转口贸易,从而促进本国财富增加。比早期重商主义先进的是,晚期重商主义者主张允许金银出口,前提是本国总的贸易收支保持顺差,就可以使得金银流入国内。因此,他们提出"奖出限入",对出口进行补贴,对进口消费品课以重税。同时鼓励发展本国航运,采取各项措施大力发展本国工业,例如向工厂手工业者发放条件优惠的贷款、高薪聘请国外能工巧匠

---

① 伊丽莎白·拉蒙德.论英国本土的公共福利[M].北京:商务印书馆,1989.

并禁止本国熟练技工外流、对进口新技术设备减免关税、限制本国新技术设备输出、采取低工资制度降低生产成本、制定工业管理条例加强质量管理等,以提高本国工业竞争力,从而达到贸易顺差的目的。

源自重商主义的保护贸易理论较著名的有美国汉密尔顿的保护关税说、德国李斯特的保护幼稚工业论,以及战略性贸易理论。这些理论的共性在于沿袭了重商主义保护本国贸易的思想并扩大到产业领域、科技领域、资本领域,认为绝对的自由贸易是不可能的,保护贸易政策对任何国家都是必要的,因此国家应通过关税、限制进口数量、发放补贴、非关税壁垒,阻止国外竞争,加强和保护本国产业发展。

纵观贸易理论的变迁,它是随着国际经贸格局、各国贸易利益博弈的演变而动态变化的,但是自由贸易对于世界贸易是利大于弊的,因此,自18世纪中叶开始,英国成为自由贸易的倡导者,其后自20世纪中叶开始,美国成为自由贸易坚定的倡导者。如今,随着经济的发展,中国接过自由贸易大旗的第三棒。尽管中美之间在2018年出现了贸易摩擦,但是自由贸易的洪流在世界范围内是不可逆转的,各国应加强贸易磋商、改革WTO贸易规则,在自由贸易与保护贸易的利益博弈中寻求平衡。唯有如此，各国才能在经济全球化轨道中彼此依赖、相向而行，寻求本国最大的贸易利益。

▶▶ 从家门到远方：国内与国际拓展

贸易源自最初剩余物的偶然物物交换，以克服物品的不足满足相应的生活需要。及至社会分工不断深入，出现了商人群体，贸易不断扩大化。价值循环中，商业流通是必要的环节，以实现生产领域中创造的产品价值，满足更多领域、更大范围、更高层次的需求。贸易的扩大化不仅意味着贸易规模的扩大、贸易产品的丰富、贸易形式的多样，更具重要意义的是贸易疆域的拓展，产品从家门输向远方，从本国市场奔向更为辽阔的国际市场。而一旦产品进入国际市场，本国经济将迎来令人振奋的腾飞阶段。

产品短缺情况下，酒香不怕巷子深。正如萨伊定律所言："供给自动创造需求。"意味着厂商只要专注于产品生产就可以了，不需要考虑在贸易中如何销售产品。而随着技术进步、产能扩大、竞争加剧，如何在贸易中胜出就成为厂商巨大的挑战，对此的总结与研究就逐渐形成市场营销理论。

自由贸易、保护贸易、战略贸易等理论更多的是从国家层面、宏观层面论证贸易开展、商品交换的动机、原理、利益分配、福利效应等。对于微观企业而言，开展贸易需要注重细节，畅通交易的每一个环节，因而相关实践基础上的理论升华为更加微观、更加具体、更加深入的市场营销理论，并随着国内市场到国际市场的拓展、贸易竞争的加剧而不断演进。

短缺经济、计划经济时代没有所谓的市场营销理论，该理论是在供过于求、买方市场下，卖方为了销售产品，需要设法与买方达成交易的情形下逐渐形成的。最初的市场营销理论聚焦厂商，立足于供给方如何提升产品竞争力，属于微观经济学的范畴，并独立成一个重要的分支学科，逐渐扩展到需求方及将厂商与消费者相联系的研究。

市场营销是引导货物和劳务从生产者向消费者或用户所进行的一切商务活动（1960年美国市场营销协会定义）；是对思想、货物和服务进行构思、定价、促销和分销的计划和实施的过程，从而产生能满足个人和组织目标的交换（1985年美国市场营销协会定义）。现代营销学之父——美国经济学教授菲利普·科特勒对市场营销的定义强调营销价值导向：市场营销是个人和集体通过创造产品和价值,并同别人自由交换产品和价值,来获得其所需之物的一种社会和管理过程,最终目标是满足需求和欲望。

最初的营销理论为4P理论,形成于20世纪60年代的美国,1953年尼尔·博登在美国市场营销协会的就职演说中提出"市场营销策略组合"这一概念,1960年美国密歇根州立大学杰罗姆·麦卡锡教授首次提出影响营销的基本要素为产品(Product)、价格(Price)、推广(Promotion)、渠道(Place)。1967年,菲利普·科特勒进一步确认了4P理论。

4P理论的主要内容是:注重产品开发,要求产品有独特卖点,将产品的功能诉求放在首位;根据不同的市场定位进行价格制定,价格制定服务于企业的品牌战略,提升品牌含金量;扩大品牌宣传,维护公共关系,加强促销活动等;注重培育经销商和建立销售网络,通过分销商形成企业与消费者的联系。

4P理论自20世纪80年代以后有了新的补充,包括6P、10P等,将更多的影响企业营销的因素补充进来。例如,6P增加了政治力量(Political Power)和公关关系(Public Relations),10P继续增加了探查(Probing)、细分

(Partitioning)、优先(Prioritizing)、定位(Positioning)等。无论这些理论如何演变,核心思想都是围绕如何在生产环节和流通环节中甄别影响交易的关键因素组合,针对这些关键影响因素制定相应的策略,开展相应的活动,争取消费者满意度的提升,达成企业与客户的交易。

以 4P 理论为基础的演变主要侧重于生产领域如何提升市场竞争力,而市场竞争激烈程度日益加剧,仅仅从厂商供给角度考虑提升营销竞争力已经不能适应竞争的需要,于是开始形成更侧重于从消费者需求角度出发的营销 4C 理论。(图 8)

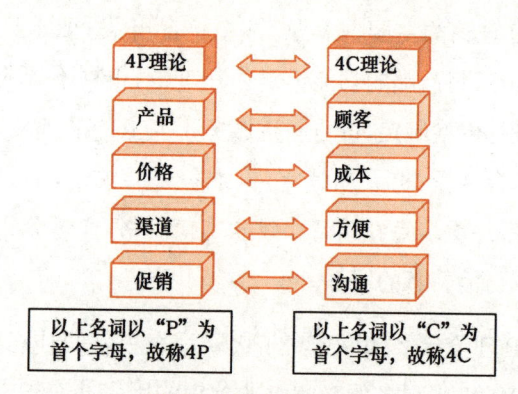

4P理论	⇄	4C理论
产品	⇄	顾客
价格	⇄	成本
渠道	⇄	方便
促销	⇄	沟通
以上名词以"P"为首个字母,故称4P		以上名词以"C"为首个字母,故称4C

图 8 市场营销 4P+4C

1990 年,美国营销理论专家罗伯特·劳特朋撰文

《4P退休4C登场》,提出了以顾客为中心的新营销模式——4C理论,4C即顾客(Customer)、成本(Cost)、方便(Convenience)、沟通(Communication)。

4C理论的主要观点是:企业生产应以满足客户需求与欲望为目的,生产客户所需要和能接受的产品;企业应该关注消费者为满足需要计划付出的成本,而非仅仅按照生产成本来定价;企业应充分考虑顾客购买产品过程中的便利性,而非仅仅从企业角度决定营销策略;企业应该实施有效的双向沟通,而非单方面大力促销。

4C理论更注重从消费者角度和需求出发,考虑如何提升顾客满意度以达成交易。4C理论与4P理论并无本质矛盾,只不过是从不同视角出发考虑交易达成的相关因素及策略,正如供给和需求就像硬币的正反面。例如,产品策略显然是建立在消费者需求基础上的,否则生产出来的产品只能过剩;企业制定价格策略当然需要考虑顾客购买力和购买意愿,否则价格超过消费者计划支付的成本,只能是企业的一厢情愿,消费者必然购买其他厂商的低价产品;推广策略中显然需要加强和消费者的沟通,否则会演变成企业的独角戏,这种推广必然没有进行的必要;在渠道建立中,企业必然需要考虑顾客购买产品的便利性、使用过程中的便利性、售后服务的及时性,否

则这种渠道也不可能支持企业的销售。但是很显然，4C理论更进一步强调了消费需求的重要性，提示生产企业需要围绕市场需求去调整企业的各种策略，这体现了营销理论的进步性。

其他有关营销的理论较为著名的有 4R 理论，兼顾企业角度和顾客需求提出了四个重要因素，即关联（Relevancy）、反应（Reaction）、关系（Relation）、回报（Reward）。关联指企业与顾客是命运共同体，企业需要建立与顾客的长期关系；反应指企业应站在顾客角度及时倾听以精确回应顾客需求；关系指企业需要考虑与顾客建立何种关系；回报指正确处理营销矛盾和营销利益。

以上营销理论对于实践的指导意义在于提示企业首先需要考虑顾客需求，一切以顾客需求为中心去设计产品、提供服务、加强宣传、增强沟通，同时需要围绕顾客需求提升企业内部管理，包括产品管理、渠道管理、服务管理等，以有效降低成本、提升效率、扩大销售。无论什么样的营销理论，最终都是在企业资源既定条件下，如何实现利润最大化目标。因此，微观层面的市场营销理论及实践，和宏观层面的贸易理论遵循的是同一原理，均是利益的博弈和分配。

值得一提的是,当营销疆域从国内扩展到国外,从家门走向远方,面临的是语言、文化、法律、货币、风俗习惯、消费偏好、支付能力等多方面的差异,此时在营销中所面临的环境更为复杂,因此企业需要采取更高级、更复杂的营销策略,对营销人才的业务素质、业务技巧要求更高。同时,随着互联网技术的广泛应用,电子商务、跨境电商日益成为贸易的主角,其低成本、高效率、操作便利化、信息透明充分、跨越时空界限、24小时不间断的特点,成为新商业时代贸易领域最亮丽的风景线!

经贸人才实战舞台

为天下理财,不为征利。

——王安石《答司马谏议书》

确立发展经济作为核心的国家才能国强民富,而贸易是连接生产和消费的桥梁。商人是最古老的职业之一,尤其是现代商业社会,经贸活动既是最具挑战性的工作,也是最具广阔前景的领域。经贸人才在当今社会拥有广阔的实战舞台,也会面临日益激烈的市场竞争。

▶▶ 经贸管理与宏观调控:看得见的手

经贸人才既需要掌握相关的理论,认清经济发展的规律和贸易开展的动态,更要在实践中亲身历练,切忌纸上谈兵。"纸上得来终觉浅,绝知此事要躬行",尤其是经贸工作具有复杂性、动态性、长期性、挑战性，如果不能遵循相关原理，很难胜任相关工作；而如果没有实践，只依靠书本知识，则很难真正洞悉如何开展经贸工作，且难以提升对经济运转和贸易开展的长远认识。

亚当·斯密开创了古典经济学时代，其自由贸易理论论证了自由竞争、国家取消贸易限制带来的贸易繁荣、经济增长、福利提升效应。美国的汉密尔顿、德国的李斯特提出的关税保护学说、幼稚产业保护理论也促进了美国、德国在18世纪成为经济强国。尤其是1929—1933年的经济大萧条证明了在实践当中，仅仅依靠市场这只"看不见的手"使经济一帆风顺，显然只是一厢情愿。事实上，"经济如爬坡，过了一坎又一坎"，如果不能对"市场失灵"进行调控和扭转，经济风险积累到一定程度，衰退将成为必然，众多发达国家的经济危机历程及发展中国家长期陷入"中等收入陷阱"已经是最有力的证明。

经贸人才就业的主要方向之一是在政府相关部门从事经贸管理和政府的宏观调控工作。特别是当今商业社会，市场竞争激烈，从事商业有一定的风险，如果难以开展业务，则公司难以生存，个人难有收益，因此，具有国家工资和福利保障的政府公务人员和工作职位就成了社会和毕业生眼中的"香饽饽"。鉴于政府工作的重要性和职

位的稀缺性,其劳动收入和福利水平必然处于较高的水准,且工作稳定,因而就成为高校毕业生的重点职业选择。

依据经济学原理,政府职能主要有三个方面:提供公共产品和公共服务;管理市场,维护市场秩序;从企业和居民中获取政府运转所需的资源。从中可见,从事政府的相关经济管理工作主要围绕以上三方面展开。

公共产品(包括无形的公共服务)是相对私人产品而言的,指具有消费或使用上的非竞争性和受益上的非排他性的产品。基于外部性的存在,公共产品很难由私人部门提供,因而政府必须承担该责任。

市场这只"看不见的手"具有巨大的隐形力量,原因在于供需机制、价格机制、竞争机制所发挥的作用,致使供需不匹配、价格撒手锏、优胜劣汰等形成自然规律。但是市场最大的缺陷在于信息不对称、垄断等不当行为,导致市场失灵,资源配置发生扭曲,从而诱发经济危机。因此,政府需要对市场进行管控,以促进经济的良性发展。例如,最高限价与最低限价、预防平台垄断、去产能、去杠杆、去库存等,都彰显了政府职能的必要性。包括调整财政政策、货币政策,以及制定产业政策等,目的都在于更好地优化配置资源,提升资源利用效率。

如前文所言，价值在生产领域创造，在流通领域实现。政府本身不参与产品制造，因而维持政府运转所需要的资源，包括办公用品、工资福利、财政资金只能来自市场，以税收、行政管理费、罚金等形式向厂商及居民收取。需要注意的是，税收中的"拉弗曲线"提示政府需要谨慎对待税率的临界值，以免杀鸡取卵导致企业沦为无源之水。近几年国务院已经意识到为企业减负、优化营商环境的重要性，一直致力于简政放权，处理好政府职能和市场的边界，最大限度激发市场活力。正是因为政府可以向厂商及居民收取资源，因而特别需要杜绝"寻租"现象，即：需要把权力关进笼子，不能利用管理市场的权力为个人谋利。"寻租"的危害不仅表现在对经济发展的巨大阻碍，更体现在对社会公平的挑战。党的十八大之后，中国加大了反腐力度，正是为了消除人民群众痛恨的腐败现象，有效地规范了经济秩序并提升了政府公信力。

政府管理市场和宏观调控需要细分众多领域，因此会设置多个部门，经贸人才就业的领域主要集中在政府各机构，例如各级党政机关、政协及民主党派、银监会、商务部、海关、统计局、经信局、商务局、传媒部门等。经济建设是国家的重心和核心，国家会为经贸人才提供广阔的舞台，期待对经济与贸易感兴趣的同学、社会人士能够

真正掌握经贸原理和规律,在政府宏观调控和管理中发挥专业特长,为祖国的经济建设添砖加瓦,散发个人的光和热。

▶▶ 坚守企业管理:勤劳的双手

经济是一个大系统,往往牵一发而动全身。其中最核心的就是创造价值的生产企业。企业是价值创造的主体,一国国力强大、经济发达、贸易领先则必然企业强大,否则无法支撑国家经济。经济危机的后果主要体现在企业无法正常生产,导致产品缺失、就业锐减、社会动荡,因此产业政策需要从企业视角出发,为企业减少参与市场竞争的束缚。其中很重要的一点就是需要为企业培养、输送优秀的经贸管理人才,保持企业的有序经营。

价值链理论将企业创造价值的活动分为基本活动和辅助活动,包括内外部的后勤、生产运营管理、人力资源管理、资金管理等,这些活动过程构成价值创造的动态过程。经贸人才从事的正是这些创造价值的动态活动。可以说,社会每年的财富正是靠生产企业人员勤劳的双手孜孜不倦地创造。

企业内部管理是营销4P理论的核心内容,尤其是产品策略、促销策略、渠道策略中涉及企业内部的采购管理、生产管理、人事管理、财务管理、物流管理等,这些均是经贸人才赴企业就职时从事的工作内容。如果不能掌握经济学原理和贸易理论,就难以对以上管理工作的流程充分理解,并在实际工作中高效执行。

对于企业内部管理而言,采购管理是价值创造的第一步。企业的生产通常是采购原料及部件,通过设备按照一定的工艺流程加工成中间品或最终产品,供再制造或满足最终的消费及使用需要。采购原料、部件最重要的是满足三个要求,即质量要求、时效性要求及成本要求。原料、部件影响企业制成品质量,如果达不到相关标准及要求,企业很难在产品策略上领先其他企业。例如,中国作为世界上最大的产钢国,每年产量占世界产量的一半,采购的铁矿石基本来自巴西淡水河谷公司和澳大利亚的力拓公司、必和必拓公司,原因就在于巴西、澳大利亚的铁矿石品质更高。日本近10年来在彩电、手机等领域已经没有品牌制成品在市场占据主导地位,但是半导体、显像管等高附加值部件在新材料领域仍然居于世界领先地位,支撑日本作为世界第三大经济体的牢固地位。采购需要及时将原料、部件等运送到企业仓库,满足企业生产需求,同时由于原料、部件的价格波动很大,所

以更需要做好计划和时效性管理。同时，采购还需要控制成本，如果采购成本过高，企业产品价格必然水涨船高，就很难在市场销售中形成竞争力，无法为企业创造利润。

生产管理是企业内部管理的核心，涉及产品质量控制、客户满意度、售后服务成本等，对客户交易达成产生决定性影响。生产管理不是孤立的，需要同采购、财务、营销等部门形成协作，因此，从事生产运营管理与协调也是经贸人才职业选择之一。同时，在此过程中，需要在实际工作中增加对产品知识、工艺流程的了解，因此，学习经贸理论不能仅仅局限于本学科知识，也需要具备一定自然科学知识的基础，成为跨学科、复合型、应用型人才，才能适应日益激烈的企业竞争及人才选拔需要。

人力资本论是西奥多·舒尔茨在 20 世纪 60 年代提出的理论，他也因提出这一理论获得 1979 年诺贝尔经济学奖，可见随着工业革命的深入，人力资本的作用愈发突显。人力资本也称为非物质资本，是在劳动者身上所体现出来的知识技能、文化技术、健康状况、创新能力等资本。企业竞争归根到底是人才竞争，因此现代企业都非常注重对员工的招聘、培训、管理。企业通常设置人力资源部来负责按照企业的需求进行机构设计、岗位设置、人员招聘、教育培训等工作,目的在于打造企业核心竞争团队。近几年为社会所关注的华为"天才少年"招聘就在于华为公司希望以高薪吸引人才实现技术创新与突破,为企业新产品、新工艺、新技术等方面持续增强竞争力。经贸人才可以从事人力资源工作,根据企业的运营原理及需求为企业人才储备、人力资本提升做出贡献。(图9)

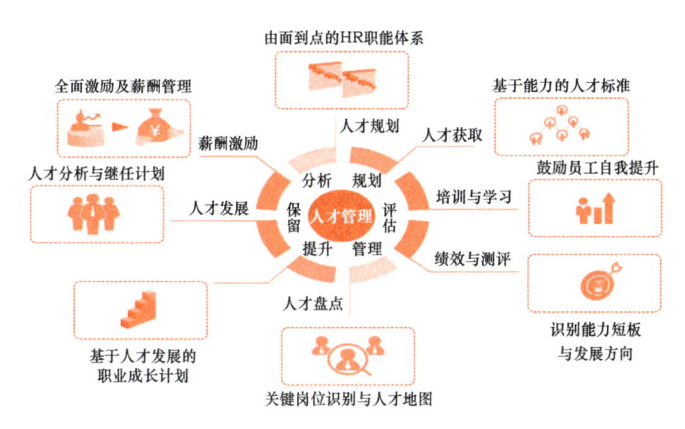

图9 企业人力资本管理

经贸人才还可以从事财务管理工作及物流运输管理工作。通常由会计专业、财务管理专业专门培养从事财务工作的人员,但是很多经贸专业的毕业生也对财务管理工作感兴趣,经贸专业在专业培养方案中也设置基础

会计、财务管理等公共基础课程、专业选修课程,因此从事企业的财务管理工作也是经贸专业毕业生的就业选择之一。同时,企业产品的国内配送、国际物流都涉及物流运输管理,因此,经贸专业毕业生也可以在此领域大有作为。特别是随着电子商务、跨境电商兴起,物流已经成为一个热门的行业,投身物流运输领域将有非常广阔的工作前景。

世界各国产业结构不同、经济发展阶段不同、自然资源禀赋不同、具体国情不同,因而就业结构也不尽相同。发达国家中,日本、德国、英国、法国等国比较注重制造业,美国更侧重于金融业和服务业,一些小国、岛国如摩纳哥、马尔代夫、塞舌尔等则主要依赖旅游业。中国的国情决定了必须三次产业共同发展,不能依靠单一产业,否则无法创造巨大的就业容纳空间。中国拥有规模巨大的14亿以上人口,党的二十大报告中为此着重强调中国式的现代化是人口规模巨大的现代化,就是强调需要提供就业保障。《中国制造2025》明确了中国产业发展的具体方向,就是大力发展先进的制造业,将制造业技术融入农业,提升农业现代化水平,并带动生产性服务和生活性服务,创造更多的就业机会,由此决定了生产企业是经贸人才就业的一个合理选择。截至2021年底,我国生产企业约670万家,分布在众多行业,有央企、国企、外企、民企等,均是经贸人才就业的选择。

央企隶属国务院,由其直管,经过多轮改革重组,截至2022年底保留了96家,分布于能源、通信、金融、高科技等领域,规模庞大、实力雄厚,对人才选拔标准高,优中选优。地方国企属于具有行业优势或当地具有一定实力的企业,也成为很好的就业选择。外资企业保留了高薪吸引人才的传统,但是随着市场竞争日益加剧及中国本土企业的实力增强,部分外企已经难以在中国生存,少数外迁至东南亚、非洲等地区,以减轻工资成本压力。提供超过80%就业机会的是广大的民营企业,华为、格力、美的、格兰仕、正泰等均是我国优秀民营企业的代表,吸纳了很多应届毕业生与社会人员就业。中国自1978年改革开放以来取得的经济成就,依靠的正是生产企业"勤劳的双手"。

▶▶ 勇于商场逐鹿:看不见的手

商业流通是连接生产企业与消费需求的桥梁和必要途径,是实现价值的重要手段。今天我们身处商业时代,贸易是日常的经济活动,活跃在商务第一线的人员犹如

投身一场看不见硝烟的战争，商场如战场，如果不能获取消费者的青睐，企业将无法获取维持企业运转的订单及利润。

经贸人才最大的价值即是投身贸易前沿第一线，直接面对客户，通过商务洽谈和商务推广活动，将企业生产的产品通过各种渠道直接或间接输送到消费者手中，完成价值循环的最后一个片段。

从事市场营销的经贸人才在掌握经济学原理和市场营销理论的基础之上，还需要具备商品知识、客户沟通能力、商务礼仪、经贸规则、财务知识、计算机知识等多个领域的知识储备，并在实践中提升市场拓展、客户维系能力。如果是从事国际市场拓展，还需要具备外语对话能力、跨文化沟通能力、进出口实务知识等，对业务能力的要求更高。说千言万语、走千山万水、访千家万户、吃千辛万苦，这些真实体现了商务第一线人员所必须具备的业务素质和工作内容，但是通过这些商务工作也能够极大地磨炼意志和提升能力。

从事商务第一线工作首先需要对所经营的产品、技术、行业动态有深入了解，并且要密切关注市场需求变化及行业竞争、替代品竞争，正所谓"知己知彼，百战不殆"。

即商务第一线人员需要对自身供给和市场需求均了如指掌,否则难以面对纷繁复杂的市场竞争。

供过于求造成的市场竞争以及日新月异的技术革命改变了产品生命周期,如今产品的生命周期已大为缩短,不仅面临同质产品、异质产品竞争,还随时可能被创新性的替代品淘汰出市场。例如,集多种功能于一体的智能手机使得电视机、MP3、录音机、摄像机、照相机等多种视听产品几乎没有存在的必要。因此,商务第一线人员如果不能熟知产品知识、行业知识、技术趋势,则会很难面对新产品的创新竞争,随时面临被市场淘汰的命运。

同行业竞争是目前开展商业活动所面临的最主要矛盾,特别是知识产权保护有时陷入模棱两可的境地,一项技术、一种设计很容易被模仿,从而导致同质化竞争过于严重。在此情形下,商务第一线人员需要面对的是买方市场,供过于求造成卖方处于被动地位,在谈判中难以拥有话语权,从而签订不利于本方的成交合同,或者造成产品积压,商业难以为继。我国自2015年提出供给侧结构性改革,原因之一就在于多个行业出现过剩,供需不匹配矛盾突出。因此商务第一线人员在选择行业、产品经营时,需要掌握整个行业的供需现状和发展趋势,避免过剩矛盾突出造成商业运营难以克服的困难。

与客户的沟通能力对于商务第一线人员而言,有时几乎是成交与否的决定性因素,处理不当往往会直接导致商机丧失。商务第一线人员切忌在客户沟通中出现以下问题。第一,低效率。例如,很多推销汽车保险的商务第一线人员在与客户沟通时不是直奔主题,而是低效率地询问"车险买了吗"。如果直接询问客户是否需要报价并提供一份详细的报价单,客户自然会做出理性选择。第二,以自我为中心。例如,在汽车销售中,有的商务第一线人员会硬性推销某种颜色、某种型号的汽车,而对客户提出的某种颜色、某种配置嗤之以鼻,原因只不过是缺货而已。因此,商务第一线人员需要从客户角度出发,按照4C原则去努力提升客户满意度、便利性。第三,缺乏文明礼貌。客户购买商品不仅仅是注重产品本身,在此过程中商务第一线人员提供的服务会影响客户的心理感受。不能让客户有如沐春风的感觉,商业成交的机会很可能大大降低。因此,商务第一线人员特别需要培训商务礼仪,注重商务形象、商业沟通技巧和方式。同时,网络营销已经成为很重要的销售方式,故而需要结合网络技术做好商品展示、在线服务、直播带货等新商业形式。

国内商务处于同一文化背景,且随着中国市场经济的成熟,经济主体法律法规意识增强,契约精神普遍得到贯彻,因此,国内贸易相对而言,风险及难度都已经大大下降。国际商务的挑战性远远大于国内商务,要求商务第一线人员具备更丰富的专业知识和更高层次的业务技能,包括面对世界不同国家、不同地区的客户,所必须具备的跨文化沟通能力。

传统的国际商务活动要求商务第一线人员具备通过国内大型交易会、国外专业博览会进行商务洽谈、产品报价、合同签订、交易执行、风险控制的全方位能力。特别是从事国际商务的群体,普遍具备更丰富的知识和更广阔的国际视野,因而该领域的市场竞争必然更激烈。虽然跨境电商成为新外贸模式,在线销售具有很多优势,但是很显然,面对面开发进口商的大批量采购仍将成为今后很长一段时期内中国出口商的首要选择。因此不难理解广东、江苏、浙江等政府相关商务部门在2022年下半年资助、组织众多企业远赴海外去"抢订单",这折射出国际商务活动的高挑战性。

正是基于商务工作的重要性,生产企业一定会将企业的营销工作视为龙头,而商业企业所有的工作自然都是围绕营销而开展的。通常企业对于商务第一线人员的重视体现在激励上,企业设置相应的薪酬结构时除基本工资外,主要以销售收入提成奖励为主,个别营销高管会

享有公司提供的股权奖励以及高福利,以此激励商务第一线人员积极拓展市场。西方工业化进程较早,比较成熟的营销理论形成于20世纪60年代。中国的营销实践开展自1992年邓小平南方谈话之后,中国加大了改革开放进程,大量吸收外资进入中国建厂,他们带来了先进的管理经验和营销方法。但是总体而言,中国目前的优秀营销人才普遍缺乏,特别是从事商务第一线工作的人员在创新性、理论性、专业性方面还存在很大的提升空间。因此对于选择商务第一线工作的经贸人才而言,在该领域的就业前景既充满挑战,也蕴藏光明。正所谓"沧海横流,方显英雄本色",逐鹿商场的商务精英应该勇于面对挑战,努力成为商战浪潮的弄潮儿,紧握市场这只"看不见的手",为企业创造更大的价值。

▶▶ 置身服务协调:运转润滑剂

具有相同属性的企业聚集形成中观产业,产业强国、产业兴国是一国的根基。中国产业门类齐全,同一产业链涉及上下游众多企业,如果各自为战,很容易陷入无序竞争,因此,此时需要发挥行业协会的作用,就像润滑剂一样,消除企业之间的摩擦,助力产业健康发展。

1792年5月17日,美国24名经纪人在华尔街的一棵梧桐树下相约讨论证券交易,并签订了《梧桐树协定》。该协定的目的在于避免同业恶性竞争,确立了三个证券交易原则:只与签订本协议的经纪人进行有价证券交易、交易手续费最低为交易额的0.25%、在交易中谋求互惠互利。这24位经纪人组成了一个独立的、享有特权的证券交易联盟,后来发展成为纽约证券交易所。《梧桐树协定》体现了美国金融业认识到行业自律性、协调性的重要意义,促进了华尔街成为世界金融中心。无独有偶,由巴塞尔委员会制定的《巴塞尔协议》自1975年出台以来,经历了多次改进,特别是1988年进行了实质性条款变更,涵盖最低风险资本要求、资本充足率监管和内部评估过程的市场监管,已经成为全球范围内主要的银行资本和风险监管标准。这些均表明在现代商业中,加强行业协调、监管、治理的重要性。事实上,伴随商业活动的日益频繁和商业规模的扩大,行业协会如雨后春笋般涌现,在商业活动中日益发挥重要作用,行业协会工作因其对专业性的要求也成为经贸人才就业的选择之一。

众所周知,工会能够通过集体的力量最大限度保障工人利益,包括工资待遇、福利水平、休假权等。世界范围内,联合国设有粮农组织、经社理事会、世界卫生组织

等,世界贸易组织、国际货币基金组织是世界经济的支柱,其他各行各业的协会组织更是五花八门,除了日常所见的工业协会、农业工程协会、服装协会、动物协会、食品协会、金融协会等,甚至还有集装箱协会、大坝协会等。原因就在于人类发明了众多产业,而产业需要进行协调、组织,从而更好地发展壮大。

人类生存繁衍最基本的生活物资取决于农业,任何国家如果陷入饥荒必然社会秩序崩溃。联合国千年发展目标(MDGs)第1条就是消除极端贫穷和饥饿,在《2030年可持续发展议程》确立的17个可持续发展目标中,消除贫困和饥饿仍然排在首位。中国已经连续19年将"三农"问题列为中央1号文件出台,确保粮食自给率在95%以上,强调"饭碗牢牢端在自己手里"。联合国专门设置粮农组织,目的在于向其会员国提供世界粮农生产和贸易信息、提供农业技术援助及投资、提供粮农政策和计划咨询服务,讨论国际粮农领域的重大问题和制定国际规则,从而协调世界范围内的粮食和农业发展。其他国际组织包括世界贸易组织、世界卫生组织、国际货币基金组织等,均致力于协调世界重大专业领域内的各国关系,以促进行业健康发展。这些国际组织、行业协会当中,虽然也有中国人的身影,但是总体而言,仍然是欧美国家主导,因此我国也在鼓励更多的国人报考这些国际组织提供的岗位,促进我国在世界范围内各项工作的开展,提升我国的国际形象和地位,这些无疑都是优秀的经贸人才的职业选择和发展契机。

截至2022年8月,我国行业协会商会数量已达11万余家,包括全国性的行业协会商会886家、省级行业协会商会1.63万家、市级行业协会商会4.55万家,县级行业协会商会5.11万家,拥有企业会员总数超过746万家,涵盖国民经济各个产业。

行业协会商会的主要职能包括:向企业传达党和国家的有关政策,协助政府制定和实施行业发展规划、产业政策、行政法规和有关法律;参与行业国际标准、国内标准的制定,协调企业之间的行为和关系;组织企业开展培训、商业活动,提供咨询服务;监督和规范行业经营行为,办理有关资格审查和商业认证;统计、搜集、整理、提供行业信息及市场动态,研究行业问题并提出建议供政府参考,出版刊物。从中可见,行业协会商会在我国经济建设中发挥的协调、组织、联系作用,有利于行业规范、企业合作、良性竞争,因而经贸人才从事行业协会商会的相关工作非常有意义,需要具备丰富的行业知识、掌握经贸理论、擅长沟通协调。

▶▶ 潜心教育研究：传承与探索

百年大计，教育为本。我国1977年恢复高考、1999年扩招，高等教育发展迅速，高校数量众多。截至2022年5月，全国共有普通高等学校2 759所，并且绝大多数高校都设有经贸专业，专科、本科、硕博研究生等多层次人才培养体系健全，对经贸专业教师存在相当数量的需求，另有政府部门、金融部门及机构、大型企业设有研究机构，包括博士后流动站，这些均需要经贸人才力量的补充。

教师工作环境良好、工作性质稳定，教书育人是高尚的职业，因而在社会职业青睐度调查中一度位于前三，最新的2022年度调查中位于第九位。经贸人才在高校主要承担以下工作：专业知识教学、教学及科学研究、服务社会、对外交流。

高校经贸专业是文科类院校及综合类院校的必备专业，本科、研究生阶段在人才培养方案中均设置相关课程，涵盖经济、金融、管理等方面。经贸课程的特点是必须理论结合实际，因此高校青睐的是具有实践工作背景的双师型教师，将理论融入实践中的教学才能提升我国经贸人才培养规格和培养质量，促进学校学科发展。

教学及科学研究是高校教师提升教学能力的必经途径,国家级课题、教育部课题、省部级课题、市级及校级课题等不同级别的课题申请与开展能够促使高校教师探索教学规律和经贸原理,并将研究成果结合思政教育落实到教学中,丰富教学内容,完善教学方法,最终服务于培养人才的目标。

服务社会指高校教师运用专业知识在经贸领域提出问题、分析问题,提出解决问题的策略建议,向国家相关部门包括政协等上报专题研究报告、社情民意信息、参政议政提案,供政府相关部门决策参考。同时高校教师可以通过开展培训讲座、为企业及政府提供咨询等产学研融合形式,服务于经济和社会发展需要。

对外交往指高校教师利用各种渠道与国外高校、国外科研机构进行合作或互访,展开学术交流,增进对经贸动态的了解,宣传中国经济成就及形象,提升个人科研能力和业务素质,从而更好地胜任本职工作。

从以上可以看出,高校教师的教书育人工作是极具意义的传承工作,为我国经济可持续发展培养储备人才;同时在研究方面积极探索教学规律和经贸原理,为我国的高等教育发展和经贸事业发展做出相应的贡献。正因

为高校教师工作的特殊性,所以其入职要求也非常高。通常青年教师入职需要具备博士学位,并且有一定级别的论文成果,如发表 SSCI(社会科学引文索引)、CSSCI(中文社会科学引文索引)期刊文章。在工作期间,高校教师还需要通过教学、科研,以一定的成果(教学获奖、期刊论文、高级别教科研项目、报告批示、产学研效益等)参评讲师、副教授、教授等。教育部还设有各种荣誉称号予以激励和肯定,做出杰出贡献者可以申请国务院政府特殊津贴。每年均有大量博士毕业生走上高校教师工作岗位。

政府部门、金融部门及机构、大型企业通常会设置研究机构,包括研究院、研究所、研究中心,以及博士后流动站等。这些研究工作覆盖经贸领域内产业政策、科技政策、金融风险、工业制造、市场拓展、房地产发展、农业供给侧结构性改革、平台经济等多个专题,服务于政府调控、企业经营需要,因此需要具备深厚专业知识的高层次人才开展专门的研究,才能及时洞察问题,寻求解决方案。

经济贸易走向何方

社会心理决定了人类永久的经济问题。
——约翰·梅纳德·凯恩斯

工业革命的不断深入催生出新技术、新业态、新商业模式,人类社会已经创造出巨大的物质财富和精神文明,未来的商业时代必将充满更激烈的竞争,也必将更加璀璨繁荣。进入 21 世纪的第三个十年,经济贸易又会呈现何种新趋势、新特征?

▶▶ 工业 4.0 革命:数字经济引领未来

从农业经济到工业经济,人类依靠不断推进的技术革命实现经济模式、产业发展的高级化。20 世纪 90 年代的互联网技术、信息革命催生了新经济、新业态、新商业

模式,时至今日,数字经济逐渐成为经济主流,演变为经济增长新引擎。

数字经济是继农业经济、工业经济之后的主要经济形态,是以数据资源为关键要素,以现代信息网络为主要载体,以信息通信技术融合应用、全要素数字化转型为重要推动力,促进公平与效率更加统一的新经济形态。数字经济发展速度快、辐射范围广、影响程度深,正推动生产方式、生活方式和治理方式深刻变革,成为重组全球要素资源、重塑全球经济结构、改变全球竞争格局的关键力量。

数字经济的本质是通过生产要素、市场需求的信息数字化,更加准确地根据市场需求制定产品和服务的供给决策,在此基础上更加高效地将生产要素(土地、劳动、资本、技术、管理)进行组合,有效节约资源,实现经济高质量发展。

数字经济的概念源于美国复合技术联盟主席 D. 塔帕斯科特在 1995 年出版的《数字经济——联网智力时代的承诺和风险》,作者在著作中认为,信息技术的数字革命使数字经济成了基于人类智力联网的新经济。1998 年 4 月 15 日,美国商务部公布了一份名为《浮现中的数字经济》的研究报告,着重分析信息这一核心资源对微观经济和宏观经济的决定性作用。嗣后,美国商务部连续多年发布系列研究报告,这些报告的主要内容均聚焦信息产业、电子商务、网络经济等有关信息经济的发展。

随着数字经济的发展,人们逐渐总结出其遵循的三大规律。

梅特卡夫法则:网络价值等于其节点数的平方。因此,网络上联网的计算机越多,每台电脑的价值就越大,"增值"以指数倍不断变大。故而当信息技术不断推进,从局域网扩展到广域网,价值就以指数倍增加。

摩尔定律:计算机硅芯片的处理能力每18个月就翻一番,而价格以减半数下降。正因为信息装备的成本在不断下降,所以数字经济具备了低成本应用和扩张的条件。

达维多定律:进入市场的第一代产品能够自动获得50%的市场份额,所以任何企业在本产业中必须第一个淘汰自己的产品。达维多定律反映的是网络经济中的"马太效应",企业需要不断进行产品创新,以实现在市场竞争中的先发优势。

在发展数字经济的过程中,除了需要遵循以上三大规律外,数字经济的七大特征也有利于人们更好地认识

这种新经济的挑战,即快捷性、高渗透性、自我膨胀性、边际收益递增性、外部经济性、可持续性、直接性。数字经济具有快捷性是因为互联网突破了传统的国家、地区界限,世界被网络连为一体从而紧密联系。在突破了时间约束后,人们的信息传输、经济活动可以在更小的时间跨度上进行。现代信息网络可以光速传输信息,数字经济以接近于实时的速度收集、处理和应用信息,节奏大大加快。数字经济的高渗透性在于迅速发展的信息技术、网络技术具有极高的渗透性,促使信息服务业迅速地向第一、第二产业扩张,使三大产业之间的界限趋于模糊,加速了第一、第二和第三产业相互融合。数字经济的自我膨胀性源于梅特卡夫法则,意味着网络产生和带来的效益将随着网络用户的增加而呈指数形式增长。在数字经济中,人们的心理反应和行为惯性使得在一定条件下,一旦优势或劣势出现并积累到一定程度,就会导致不断加剧而自行强化,出现"强者更强,弱者更弱"的"赢家通吃"的垄断局面。数字经济的边际收益递增性主要表现为边际成本递减和累积增值。边际成本递减使得数字经济可以加大投入而盈利能力不断上升,累积增值利于经济的可持续发展。数字经济的外部经济性指每个用户从使用某产品的过程中得到的效用与用户的总数量有关,用户人数越多,每个用户得到的效用就越高,这就为数字经济的规模扩大提供了良性循环的基础。数字经济的可持续性表现为克服重工业化带来的资源过度消耗、环境污染等重大缺陷,实现资源节约,促进经济可持续发展。数字经济的直接性是指由于网络发展改变了经济组织结构,其更加趋向扁平化。生产者与消费者可以通过网络直接联系,从而消除了传统中间商层级对于商业利润的分配,显著降低交易成本,提升经济效益。

数字经济时代,只有在新材料、新技术、新产品、新业态、新商业模式五方面齐头并进,企业才能实现资源既定条件下利润最大化的经营目标,从而促进中观产业、宏观经济的健康发展。

发展数字经济的重点主要集中在数字产业化和产业数字化两个方面,前者是指将数据作为一种新型先进生产要素进行有效利用,促进产业发展;后者是指在发展产业过程中,需要改变传统方式,将互联网信息技术充分运用到价值循环的生产、流通、分配、消费环节,从而实现资源节约、环境友好。我国国家统计局发布的《数字经济及其核心产业统计分类(2021)》将数字经济分为五大类,即数字产品制造业、数字产品服务业、数字技术应用业、数字要素驱动业和数字化效率提升业。前四大类为数字产

业化部分,即数字经济核心产业,是指为产业数字化发展提供数字技术、产品、服务、基础设施和解决方案,以及完全依赖于数字技术、数据要素的各类经济活动,对应于《国民经济行业分类》中的 26 个大类、68 个中类、126 个小类,是数字经济发展的基础。第五大类为产业数字化部分,是指应用数字技术和数据资源为传统产业带来的产出增加和效率提升,是数字技术与实体经济的融合。该部分涵盖智慧农业、智能制造、智能交通、智慧物流、数字金融、数字商贸、数字社会、数字政府等数字化应用场景,对应于《国民经济行业分类》中的 91 个大类、431 个中类、1 256 个小类,体现了数字技术已经并将进一步与国民经济各行业产生深度渗透和广泛融合。

2020 年 7 月 30 日《中华人民共和国国民经济和社会发展第十四个五年规划和 2035 年远景目标纲要》(以下简称《"十四五"规划纲要》)提出,要打造数字经济新优势,对数字经济部署了三项任务,分别是数字技术创新、数字产业化,以及产业数字化转型。《"十四五"规划纲要》提出数字经济七大重点产业:云计算、大数据、物联网、工业互联网、区块链、人工智能、虚拟现实和增强现实,确立了智能交通、智慧能源、智能制造、智慧农业及水利、智慧教育、智慧医疗、智慧文旅、智慧社区、智慧家居

和智慧政务十大应用场景。(图10)

三项任务	七大重点产业	十个数字化应用场景
数字技术创新、数字产业化、产业数字化转型	云计算、大数据、物联网、工业互联网、区块链、人工智能、虚拟现实和增强现实	智能交通、智慧能源、智能制造、智慧农业及水利、智慧教育、智慧医疗、智慧文旅、智慧社区、智慧家居和智慧政务

图10 "十四五"数字经济规划

当前,数字经济的应用场景几乎伴随我们每一天的日常生活、工作,从出行预订网约车、互联网购票、网上购物,到企业内部数据处理、视频会议、智能制造、3D打印、跨境电商等,无不体现出信息技术的便利性、高效性。据中国通信院出具的相关研究报告,2021年我国数字经济规模达到45.5万亿元,比"十三五"规划初期提升了一倍多。尤其是随着资源枯竭、环境污染矛盾的日益突出,在供给侧需要加快数字经济发展以促进经济可持续发展;"无接触"式服务成为主流,在需求端同样需要大力运用互联网技术,保证消费对经济增长的基础作用。

▶▶ 贸易规则重塑:世界经济出现多极主体

和平是全球人民的共同呼声,世界经历了两次惨痛

的世界大战,进入了宝贵的和平发展期。信息技术革命使人类进入一个全新的时代,跨国公司成为经济与贸易发展的主要推动力量,在全球范围内配置资源、扩展市场,地球村的概念深入人心,各国之间经济相互依赖、相互依存程度日益加深,经济全球化的趋势出现了。

1985年,美国人 T. 莱维首次提出经济全球化(economic globalization)概念。国际货币基金组织(IMF)将经济全球化定义为:跨国商品与服务贸易及资本流动规模和形式的增加,以及技术的广泛迅速传播使得世界各国经济的相互依赖性增加。由此可见,经济全球化是生产要素包括资本、技术、人员在全球范围内的大规模流动以及商品在全球范围内的大规模交易,从而导致世界各国经济改变了此前的独立性、单一性,变得更加复杂及相互传导效应增加。

经济全球化的实质是物流、资金流、信息流和技术流在全球范围内流动,从而使得资源配置跨越国界进行优化。生产要素在不同国家之间进行流转,产出也同样在全球范围流动。经济全球化经历了三个发展阶段,目前正在进入曲折反复的第四个新阶段,面临逆全球化的新挑战。

从 1492 年哥伦布发现新大陆到 18 世纪末,人类地理大发现及第一次工业革命促使世界市场初步形成,机器化大生产提高了劳动生产率,交易商品得到了极大丰富。此阶段可以视为经济全球化的初级阶段,主要表现为殖民贸易。欧洲国家通过暴力、掠夺和欺骗等手段攫取了殖民地国家大量的财富。作为经济全球化的雏形即 1.0 阶段,主要特征为贸易的全球化仍然受到贸易范围、商品种类及结构、贸易额的限制。

随着贸易逐步扩大,国家之间的贸易竞争趋于激烈。自 19 世纪初至 20 世纪初,资本主义国家从自由竞争时期逐步过渡到垄断时期,国际垄断组织在全球范围内获取垄断利润成为经济全球化的主要特征。第二次科技革命及资本输出的扩大促进了国际市场的日益成熟,多边贸易和国际支付体系的建立奠定了国际市场的基础,形成了国际金本位制度及世界货币,从而进入经济全球化 2.0 阶段。经济全球化 2.0 大大提升了贸易的全球化水平,国际分工的深入,航海技术、交通运输、通信联络的完善使大量商品得以在不同国家之间交换,国际贸易额迅速增长,世界贸易商品范围进一步扩大,原材料及制成品,如煤炭、铁矿石、粮食、肉类、纤维等大宗货物开始登陆世界舞台。同时亚非拉的采矿业、种植业的迅速发展

使得锡、铜、橡胶、石油、咖啡、茶叶等进入交易市场，极大地丰富了贸易商品的种类。此外，一些不易储存的商品如鲜花、水果、蔬菜等，由于交通运输的巨大进步也得以大量进入国际贸易领域。

20世纪中叶到2007年美国次贷危机这近60年时间，经济全球化迎来全新的发展时代，可以视为经济全球化3.0阶段。经历两次世界大战的洗礼，资本主义国家重新回到经济发展的正常轨道。美国在两次世界大战中，本土均未受到破坏，并受益于第二次世界大战积累了大量财富，战后主导了布雷顿森林体系，确立了美元的世界货币核心地位。战后美国"马歇尔计划"输出本国资本，在全球范围内建立了贸易规则和体系。其后"冷战"期间，苏联于1991年12月解体，美国成为唯一超级军事及经济大国，在20世纪90年代中期通过互联网技术革命及金融工程进一步巩固了其全球统治性地位。此阶段跨国公司成为控制全球经济的主导力量，经济全球化也从贸易全球化过渡到生产的全球化及资本的全球化。在更广阔的全球范围内配置资源及要素成为必然选择，与此同时，能够控制生产要素流向、产出流向并主导制定贸易规则、技术标准的国家无疑将在全球化进程中拥有领先优势。在全球化3.0进程中，自由贸易区、区域经济一体化成为主要形式,北美自由贸易区、欧洲联盟、中国-东盟自由贸易区等成为其中最主要的瞩目点。需要特别指出的是,在21世纪初期后,随着中国加入WTO、欧盟一体化进程的发展,世界经济格局进入多极化阶段。全球化3.0格局下,美国不再一国独大,欧盟、日本、新兴经济体成为世界经济发展的多极。欧盟一体化进程成熟,成为世界第一大经济体,日本继续巩固了其世界第三大经济体的地位,而诸如金砖五国、新钻十一国对于世界经济的影响力也与日俱增。其中,中国依靠不断推进改革开放,深度融入世界经济发展轨道,成为新兴经济体的领头羊,成为世界经济格局变化中的重要力量,逐步改变世界经济格局的分布。

2007年美国次贷危机及2008年欧债危机爆发后,世界最大的两个经济体陷入了金融风暴困境,也给全球经济增长蒙上了挥之不去的阴霾。西方资本主义国家受此严重影响,面临"经济增长乏力、发展动力不足、财政赤字悬崖"等多重危机,经济增长持续低迷。遑论"多哈回合"谈判的失败不利于世界经济的健康发展,仅就美国主导的贸易体系及规则在现有的WTO框架下而论,对于各国的约束力正日渐减弱,为经济全球化的进一步发展埋下了隐患。例如,WTO上诉机构由于个别大国阻碍改革

草案导致无法遴选法官而陷入停摆。危险与机遇往往并存，经济全球化正逐渐面临一个重要转折点，新困难、新局面、新体系、新动力的交织将促使经济全球化进入一个复杂时代，可以称之为经济全球化4.0阶段。

经济全球化4.0阶段，世界经济关系日趋复杂，各国不得不面对现有WTO框架对国际贸易的约束作用正在日益减弱的现实。世界经济整体低迷的根本原因在于缺乏经济增长的新动力，在现阶段已成为各国共同需要解决的问题。新形势下，一方面各国之间需要加强合作实现互惠互利，但同时也意味着各国之间的贸易竞争会更加激烈。美国基于传统意识形态，提出"美国第一"战略，意图重建美国主导下的新型规则及体系，从而最大限度维护自身利益，延续其超级大国地位。欧盟在经济一体化的道路上亦步履蹒跚，英国脱欧折射出内部矛盾及合作的艰难。究其原因，货币政策虽统一，但财政政策无法协调一致，各国本位主义思想也成为欧盟一体化进程进一步发展的障碍及隐患。中国作为GDP规模居世界第二位的国家，改革开放以来所取得的成就有目共睹。作为开放大国、新兴经济体国家的代表，中国在世界经济发展中影响力与日俱增，需要在世界经济发展格局中发挥更进一步的影响及作用，并在世界舞台发出自己的声音。

正是基于此点,我国政府提出"一带一路"倡议,通过加强亚太地区国家之间的互联互通,深化亚太伙伴关系,实现和平、富强、进步的亚洲梦,同时实现欧亚之间的经济融合,构建欧亚共荣圈,进而在未来辐射非洲大陆板块。世界经济的多极主体将在全球化进程中展开新一轮的角逐,竞合将成为其中最主要的旋律。

▶▶ 百年未有之大变局:国际竞合风云诡谲

人类社会发展的几千年间,国家之间为了利益争夺疆土、财富从而导致战争源源不断。军事武器出现重大变革更是致使战争升级,战争后果将直接改变世界格局。清朝末年中国既有内忧又有外患,1873年,李鸿章在《复议制造轮船未可裁撤折》中曾言:"合地球东西南朔九万里之遥,胥聚于中国,此三千余年一大变局也。"其后两次世界大战爆发,各种新式武器投入战争,无数人颠沛流离、失去生命,国家力量发生变化。美国、日本等国迅速崛起,成为贸易利益的主宰者。

如今的世界,人类面临的不仅是国家纷争、区域战争的隐患。资源稀缺、环境破坏、经济发展的不可持续性曾经是公认的人类社会主要矛盾。2017年12月28日,习

近平总书记在驻外使节工作会议上，基于对世界格局的洞察，提出"放眼世界，我们面对的是百年未有之大变局"的论断。

第二次世界大战之后，冷战期间美苏争霸致使全球形成两大阵营：北约组织和华约组织。资本主义国家阵营和社会主义国家阵营在制度、军事、经济、技术、贸易等领域展开全面对抗和竞争。其后随着苏联解体，美国成为唯一超级大国，世界各国矛盾得到缓和。但是随着中国经济的崛起，"修昔底德陷阱"魔咒的阴影挥之不去。

当前，国际格局深刻演变，新技术革命突飞猛进，绿色低碳转型加速推进，全球经济治理加速调整，规则主导权之争更加激烈。[①]

人类已经成为命运共同体，面对百年未有之大变局，我们需要对其保持深刻的认识和清醒的头脑。世界各国制度不同、国情不同、文化不同、经济发展水平不同，但是国无论大小，都有追求经济发展、改善民生的权利。各国应尊重彼此的文化、风俗、习惯、制度选择、经济发展方式选择；竭泽而渔、环境污染不利于经济可持续发展，各国

---

① 隆国强.加入世界贸易组织 20 年回顾与展望[J].人民日报，2021-12-10(009).

需要优化资源配置,走绿色可循环经济发展道路;摒弃偏见,加强共识,守望相助。

▶▶ 微笑曲线演变:谁能占据利益制高点

国际贸易发展历程中,自由贸易与保护贸易的博弈交织进行,其原因在于各国寻求在全球价值链分工中的有利地位以及高附加值分配,从而通过开展对外贸易提升本国产业竞争力及福利水平。

微笑曲线揭示了发达国家依靠技术优势、人力资本优势、渠道优势控制价值链高端利润的秘密,为企业提升利润率、加强核心竞争力指明了方向。同时也说明了,中国企业在国际贸易中的分工地位虽然主要处于微笑曲线底端,但是依靠规模经济,中国企业依然在国际贸易中形成竞争优势。

自海洋争霸大规模开启以来,自由贸易、保护贸易交织进行,核心均是利益分配。在全球价值链分工中,未来谁能占据利益制高点,仍然取决于技术、资本、渠道、投入等关键因素。

全要素生产率的重要性在新古典经济发展理论中得到了强调,科技是第一生产力。重大的技术突破带来的

产品创新、需求增长效应是显而易见的。例如，手机自1973年被发明后就逐渐成为人们的必需品，其后经过从功能机到智能机的蜕变，改变了人类生活、工作、沟通、休闲的方式，成为一个巨大的产业。在此期间，世界经济格局也经历了美国主导、日韩突出、中国接过竞赛接力棒的演进。摩托罗拉、诺基亚、爱立信、索尼、松下、HTC、金立等一度热销的手机品牌，在激烈的市场竞争中纷纷败退，最终被淘汰，无法革新技术、升级产品是它们失败的最主要的原因。相反，苹果、华为、三星、VIVO、OPPO、小米等公司无时不在进行技术升级、产品研发，从而占据市场一席之地。尤其是苹果公司，凭借强大的技术领先优势，占有75%以上的手机行业净利润。在国内默默无闻的传音手机，立足于非洲市场，开发出适合非洲人自拍的手机拍照及录像技术，从而在非洲市场占据主要份额，同样依靠的是核心产品开发技术。遍观经济全球化以来跨国公司在全球的扩张，绝大部分是因为拥有领先的核心高科技，从而具备产品竞争力。对于国家、企业而言，未来在工业制造领域唯有不断开发新技术，才能在全球价值链分工中取得主动。

资本在最初的古典经济学理论中被视为与劳动同样重要的生产要素，时至今日，金融作为一国的重要命脉仍然说明了在经济发展过程中,资本要素不可或缺。微笑曲线三阶段价值形成及实现过程中,缺乏资本都无法进行。从微观层面而言,企业生产的基本活动及辅助活动都需要资本的启动和投入,从厂房设备、原料采购、运营管理,到人员招聘、技术研发、物流运输,均需要资本介入,否则企业无法开展经营活动。资本雄厚的公司在组织生产、市场竞争中显得游刃有余,华为、阿里巴巴、京东、小米等高科技公司平时一直保持充足的现金流,而新东方在企业退出行业进行转型时也从容不迫,原因就在于企业资金实力雄厚。从宏观层面而言,资本的力量体现在对土地、劳动、技术、管理、数据等生产要素起到支配及融合作用,从而创造价值。一国外汇储备反映了本国经济实力,并对其国际地位和国际话语权产生重要影响。资本的重要作用不仅体现在以上的正向作用方面,而且回顾以往发生的金融危机,其对经济的破坏仍让人心有余悸,直接的例证是1997年东南亚金融危机、2007年美国次贷危机、2008年欧债危机。一旦虚拟经济过度膨胀,金融空转,将导致实体经济"空心化"。为此,我国近年来一直强调防范系统性金融风险,着力疏通金融资本向实体经济的输送渠道。

渠道的作用体现在对贸易的控制方面,从而获取高

利润。传统的销售渠道建立在分销商到消费者的联系基础上,但是中间商会参与生产企业的利润分配,同时也会导致生产企业面临商业纠纷、效率下降等负面因素影响。因此,现在越来越多的企业开始直接面对消费者,建立直销网络。同时,由于网络技术、平台经济的发展,电子商务、跨境电商成为企业开拓市场的有力武器,大力发展B2C模式成为企业未来占据利益制高点的关键。线上网络、线下售卖并举,互为补充,为消费者提供便利的购物和完善的服务,将成为企业赢得市场竞争的关键。

最后需要说明的是,中国比很多发展中国家领先的最重要一点是意识。目前世界上众多发展中国家经济水平落后,很多国家的人民仍然面临贫困饥饿,原因固然有很多,但是核心的原因在于国家没有或无法唤醒民众的意识,不能在经济发展中扩大投入。中国自1978年改革开放以后确立经济建设为核心,是基于当时社会存在的人民日益增长的文化生活需要同落后的社会生产之间的矛盾。时至今日,中国社会的主要矛盾已经演变为人民日益增长的美好生活需要和不平衡不充分的发展之间的矛盾,共同富裕成为新发展目标。解决矛盾的物质基础在于不断创造财富,因此中国举国上下对经济发展的理解和对经济发展的投入在全球范围内无出其右。"幸福都是干出来的""撸起袖子加油干",在中国不仅仅是口号,而且是实实在在、遍地开花的实际行动。中华人民共和国成立以来坚持在经济建设中"摸着石头过河",中国人走出了一条符合中国国情、独具中国特色的社会主义道路,中国人依靠经济建设中的时间投入、劳动投入、资本投入、技术投入、创新投入,在现代化中国建设大道上开拓进取、砥砺前行。

参考文献

[1] 石雨祺. 中国古代贸易[M]. 北京：中国商业出版社，2015.

[2] 杨玉生，杨戈. 经济思想史[M]. 北京：中国人民大学出版社，2015.

[3] 黄卫平，彭刚. 国际经济学简明教程[M]. 北京：中国人民大学出版社，2010.

[4] 蒋晓薇. 汉字与贸易[M]. 广州：暨南大学出版社，2015.

[5] 亚当·斯密. 国富论[M]. 北京：中央编译出版社，2019.

[6] 范家骧.国际贸易理论[M].北京:人民出版社,1985.

[7] 沈琦.中世纪英国交通史稿(1150—1500)[M].武汉:武汉大学出版社,2018.

[8] 伊丽莎白·拉蒙德.论英国本土的公共福利[M].北京:商务印书馆,1989.

[9] 桑百川,王萱.疫情冲击下中国出口逆势增长的动因与策略[J].国际贸易,2022(5):4-11.

[10] 隆国强.加入世界贸易组织20年回顾与展望[N].人民日报,2021-12-10(009).

后 记

本书由中国人民大学经济学院黄卫平教授及本人——温州大学商学院瓯江特聘教授、中国人民大学世界经济研究中心黄剑研究员合力完成。编者希冀结合多年学习、研究经济学的理论基础,以及二十年市场营销、国际商务的实践经历,对经济与贸易领域做出全面、深入的诠释,希望对读者有所帮助和启发!

本书建立在编者近五年来从事研究阐释党的十九大精神国家社科基金专项课题《新时代中国推动建设开放型世界经济研究》(项目编号:18VSJ048)、重庆市社会科学规划普及项目"转型与蝶变——重庆产业优化升级正在进行时"(项目编号:2019KP32)、温州大学博士科研启动项目"侨商经济与共同富裕"(项目编号:QD2022062)

三个项目基础之上。在此期间,编者在全国多地开展经济讲座及进行实地考察,密切关注中国经济实际动态;兼之2017—2019年赴美国、俄罗斯、南非、欧洲等国家与地区参加国际经济及金融学术会议、实地考察国外部分国家经济现状,形成积淀。本书撰写时参考了经济与贸易理论相关著作、文献,在此向作者表示感谢!

黄卫平、黄剑
2023 年元旦

"走进大学"丛书书目

什么是地质？	殷长春	吉林大学地球探测科学与技术学院教授（作序）
	曾　勇	中国矿业大学资源与地球科学学院教授
		首届国家级普通高校教学名师
	刘志新	中国矿业大学资源与地球科学学院副院长、教授
什么是物理学？	孙　平	山东师范大学物理与电子科学学院教授
	李　健	山东师范大学物理与电子科学学院教授
什么是化学？	陶胜洋	大连理工大学化工学院副院长、教授
	王玉超	大连理工大学化工学院副教授
	张利静	大连理工大学化工学院副教授
什么是数学？	梁　进	同济大学数学科学学院教授
什么是大气科学？	黄建平	中国科学院院士
		国家杰出青年基金获得者
	刘玉芝	兰州大学大气科学学院教授
	张国龙	兰州大学西部生态安全协同创新中心工程师
什么是生物科学？	赵　帅	广西大学亚热带农业生物资源保护与利用国家重点实验室副研究员
	赵心清	上海交通大学微生物代谢国家重点实验室教授
	冯家勋	广西大学亚热带农业生物资源保护与利用国家重点实验室二级教授
什么是地理学？	段玉山	华东师范大学地理科学学院教授
	张佳琦	华东师范大学地理科学学院讲师
什么是机械？	邓宗全	中国工程院院士
		哈尔滨工业大学机电工程学院教授（作序）
	王德伦	大连理工大学机械工程学院教授
		全国机械原理教学研究会理事长

什么是材料？	赵 杰	大连理工大学材料科学与工程学院教授
什么是自动化？	王 伟	大连理工大学控制科学与工程学院教授
		国家杰出青年科学基金获得者（主审）
	王宏伟	大连理工大学控制科学与工程学院教授
	王 东	大连理工大学控制科学与工程学院教授
	夏 浩	大连理工大学控制科学与工程学院院长、教授
什么是计算机？	嵩 天	北京理工大学网络空间安全学院副院长、教授
什么是土木工程？		
	李宏男	大连理工大学土木工程学院教授
		国家杰出青年科学基金获得者
什么是水利？	张 弛	大连理工大学建设工程学部部长、教授
		国家杰出青年科学基金获得者
什么是化学工程？		
	贺高红	大连理工大学化工学院教授
		国家杰出青年科学基金获得者
	李祥村	大连理工大学化工学院副教授
什么是矿业？	万志军	中国矿业大学矿业工程学院副院长、教授
		入选教育部"新世纪优秀人才支持计划"
什么是纺织？	伏广伟	中国纺织工程学会理事长（作序）
	郑来久	大连工业大学纺织与材料工程学院二级教授
什么是轻工？	石 碧	中国工程院院士
		四川大学轻纺与食品学院教授（作序）
	平清伟	大连工业大学轻工与化学工程学院教授
什么是海洋工程？		
	柳淑学	大连理工大学水利工程学院研究员
		入选教育部"新世纪优秀人才支持计划"
	李金宣	大连理工大学水利工程学院副教授
什么是航空航天？		
	万志强	北京航空航天大学航空科学与工程学院副院长、教授
	杨 超	北京航空航天大学航空科学与工程学院教授
		入选教育部"新世纪优秀人才支持计划"

什么是生物医学工程？
     万遂人 东南大学生物科学与医学工程学院教授
        中国生物医学工程学会副理事长（作序）
     邱天爽 大连理工大学生物医学工程学院教授
     刘 蓉 大连理工大学生物医学工程学院副教授
     齐莉萍 大连理工大学生物医学工程学院副教授
什么是食品科学与工程？
     朱蓓薇 中国工程院院士
        大连工业大学食品学院教授
什么是建筑？ 齐 康 中国科学院院士
        东南大学建筑研究所所长、教授（作序）
     唐 建 大连理工大学建筑与艺术学院院长、教授
什么是生物工程？贾凌云 大连理工大学生物工程学院院长、教授
        入选教育部"新世纪优秀人才支持计划"
     袁文杰 大连理工大学生物工程学院副院长、副教授
什么是哲学？ 林德宏 南京大学哲学系教授
        南京大学人文社会科学荣誉资深教授
     刘 鹏 南京大学哲学系副主任、副教授
什么是经济学？原毅军 大连理工大学经济管理学院教授
什么是经济与贸易？
     黄卫平 中国人民大学经济学院原院长
        中国人民大学教授（主审）
     黄 剑 中国人民大学经济学博士暨世界经济研究中心研究员
什么是社会学？张建明 中国人民大学党委原常务副书记、教授（作序）
     陈劲松 中国人民大学社会与人口学院教授
     仲婧然 中国人民大学社会与人口学院博士研究生
     陈含章 中国人民大学社会与人口学院硕士研究生
什么是民族学？南文渊 大连民族大学东北少数民族研究院教授
什么是公安学？靳高风 中国人民公安大学犯罪学学院院长、教授
     李姝音 中国人民公安大学犯罪学学院副教授
什么是法学？ 陈柏峰 中南财经政法大学法学院院长、教授
        第九届"全国杰出青年法学家"

什么是教育学？	孙阳春	大连理工大学高等教育研究院教授
	林 杰	大连理工大学高等教育研究院副教授
什么是体育学？	于素梅	中国教育科学研究院体育美育教育研究所副所长、研究员
	王昌友	怀化学院体育与健康学院副教授
什么是心理学？	李 焰	清华大学学生心理发展指导中心主任、教授（主审）
	于 晶	曾任辽宁师范大学教育学院教授

什么是中国语言文学？
  赵小琪　广东培正学院人文学院特聘教授
  　　　　武汉大学文学院教授
  谭元亨　华南理工大学新闻与传播学院二级教授

什么是历史学？	张耕华	华东师范大学历史学系教授
什么是林学？	张凌云	北京林业大学林学院教授
	张新娜	北京林业大学林学院副教授
什么是动物医学？	陈启军	沈阳农业大学校长、教授
		国家杰出青年科学基金获得者
		"新世纪百千万人才工程"国家级人选
	高维凡	曾任沈阳农业大学动物科学与医学学院副教授
	吴长德	沈阳农业大学动物科学与医学学院教授
	姜 宁	沈阳农业大学动物科学与医学学院教授
什么是农学？	陈温福	中国工程院院士
		沈阳农业大学农学院教授（主审）
	于海秋	沈阳农业大学农学院院长、教授
	周宇飞	沈阳农业大学农学院副教授
	徐正进	沈阳农业大学农学院教授
什么是医学？	任守双	哈尔滨医科大学马克思主义学院教授
什么是中医学？	贾春华	北京中医药大学中医学院教授
	李 湛	北京中医药大学岐黄国医班（九年制）博士研究生

什么是公共卫生与预防医学？
  刘剑君　中国疾病预防控制中心副主任、研究生院执行院长
  刘 珏　北京大学公共卫生学院研究员
  么鸿雁　中国疾病预防控制中心研究员
  张 晖　全国科学技术名词审定委员会事务中心副主任

什么是药学？	尤启冬	中国药科大学药学院教授
	郭小可	中国药科大学药学院副教授
什么是护理学？	姜安丽	海军军医大学护理学院教授
	周兰姝	海军军医大学护理学院教授
	刘　霖	海军军医大学护理学院副教授
什么是管理学？	齐丽云	大连理工大学经济管理学院副教授
	汪克夷	大连理工大学经济管理学院教授
什么是图书情报与档案管理？		
	李　刚	南京大学信息管理学院教授
什么是电子商务？	李　琪	西安交通大学经济与金融学院二级教授
	彭丽芳	厦门大学管理学院教授
什么是工业工程？	郑　力	清华大学副校长、教授（作序）
	周德群	南京航空航天大学经济与管理学院院长、二级教授
	欧阳林寒	南京航空航天大学经济与管理学院研究员
什么是艺术学？	梁　玖	北京师范大学艺术与传媒学院教授
什么是戏剧与影视学？		
	梁振华	北京师范大学文学院教授、影视编剧、制片人
什么是设计学？	李砚祖	清华大学美术学院教授
	朱怡芳	中国艺术研究院副研究员